超值全新修订版

如何说
孩子才会听

怎么听
孩子才肯说

刘雪纯———— 著

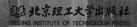

北京理工大学出版社
BEIJING INSTITUTE OF TECHNOLOGY PRESS

图书在版编目（CIP）数据

如何说孩子才会听，怎么听孩子才肯说 / 刘雪纯著. — 北京：北京理工大学出版社，2019.11

ISBN 978-7-5682-7633-7

Ⅰ. ①如… Ⅱ. ①刘… Ⅲ. ①家庭教育 Ⅳ. ①G78

中国版本图书馆CIP数据核字（2019）第210330号

出版发行 / 北京理工大学出版社有限责任公司

社　　址 / 北京市海淀区中关村南大街 5 号

邮　　编 / 100081

电　　话 / （010）68914775（总编室）

　　　　　（010）82562903（教材售后服务热线）

　　　　　（010）68948351（其他图书服务热线）

网　　址 / http://www.bitpress.com.cn

经　　销 / 全国各地新华书店

印　　刷 / 大厂回族自治县德诚印务有限公司

开　　本 / 880 毫米 × 1230 毫米　　　1/32

印　　张 / 7　　　　　　　　　　　　　　　责任编辑 / 陈　玉

字　　数 / 145千字　　　　　　　　　　　　文案编辑 / 陈　玉

版　　次 / 2019年11月第1版　　2019年11月第1次印刷　　责任校对 / 刘亚男

定　　价 / 45.00元　　　　　　　　　　　　责任印制 / 施胜娟

图书出现印装质量问题，请拨打售后服务热线，本社负责调换

前　言

　　家庭是孩子的第一所学校，在这所特殊的学校里，"为人父母"和"为人之师"的双重责任落在了父母身上。父母是孩子的第一位老师，也是帮助孩子成长并全面发展的人生导师，他们不断摸索教育的规律和艺术，努力把孩子培养成身心健康的人。

　　孩子的最早教育来自父母，父母的教育对他们的思想、智力和身心发展具有至关重要的作用。同时，教育孩子也是父母不可推卸的责任，因为父母的一言一行都会对孩子产生不可忽视的影响，甚至可能伴之一生。当孩子进入学校，身上已经或轻或重地留下了父母的影子，它将于潜移默化中影响孩子的一生。

　　有人说，父母的教育是一门综合性艺术。父母不仅要具备渊博的学识，还要懂得与孩子沟通的技巧，懂得如何调动孩子学习的积极性，如何把孩子的学习潜能发挥出来。

也有人说，父母的教育是一门科学。父母的教育知识必须非常丰富，例如不要有意无意地责备孩子，要时刻关注孩子，鼓励孩子，因为受到鼓励的孩子会对未来充满信心。如果教育知识不够丰富，父母很有可能在家庭教育中出现错误。而且，父母不能替孩子做太多的决定，要清楚自己的角色是孩子的辅导者而不是替代者，自己的目的是让孩子学会快乐生活等等。

有些父母经常说孩子不听话，不懂事，成了所谓的"叛逆孩子"。其实，孩子"叛逆"的原因，除了少数是自身因素以外，大多是父母教育方式的不当而造成的。

家庭教育的过程中，很重要的一环便是"沟通"。在每个孩子的心里，都有一个强烈愿望——想要变得更好。他们的"叛逆行为"通常只是一个表面现象，是想通过此类行为引起父母和他人更多的关注。这时候，父母就要关注孩子的一举一动，与孩子保持良好的沟通，确认孩子的心理想法。

本书内容丰富新颖，知识广博，详尽阐述了教育子女过程中的常见问题，并提供行之有效的解决方案。同时，书中辅以丰富的案例及点评，真实还原了亲子沟通场景，帮助父母将沟通技巧灵活应用到生活中，与孩子进行高质量的交流和沟通。通过阅读本书，能够让父母领悟到亲子沟通的精髓，真正明白"父母如何说，孩子才会听"。

目 录

**理健康很重要，
培养孩子的阳光心态**

第1章
有效的沟通
重塑亲子关系

常有父母发愁地说："真不知道如何跟孩子交流，总是说两句就没话说了，想再问点什么还嫌我烦。"

也有不少父母担忧地说："我没读过什么书，孩子越大就越担心，不知道该跟他聊些什么啊。"

父母的担心是对的，这种担心折射出了亲子沟通的重要性。孩子越大，亲子沟通的问题越会凸显出来。

如果能掌握一些沟通技巧，父母和孩子之间的关系会更亲近，很多教育上的问题也会迎刃而解。

与其教育不如沟通

　　相当多的父母关心如何教育孩子的问题，尤其是青春期的孩子，他们普遍感受到与青春期孩子相处的困难。这些父母知道用说教填鸭、武断强硬的方式对待孩子不再适合，应当与孩子做朋友，却不知道具体怎么去做。

　　对待青春期的孩子，与其教育不如沟通。要做到这一点，需要父母提升自己，相信每个人都有自我教育的能力，每个人都愿意积极正向地发展，好的沟通能带来优质的亲子关系，这是孩子自我教育和成长的阳光、水分与土壤。因此，父母的任务是培养好的亲子关系，致力于心与心的沟通，而不是头脑对头脑的说教。

重新定义好孩子

　　在讲亲子沟通之前，先厘清一个概念：好孩子的定义究竟是什么？大部分父母会说"我的孩子听话，是个好孩子"，意思是，只要孩子对父母言听计从就是好孩子。

父母要求孩子言听计从，其实是把孩子看成没有自我的木偶。孩子也有独立的思想，若孩子的成长完全依从于来自外界的无数标准，将会形成追求完美主义的人生观，同时也会活得很累，很有压力。

好孩子未必就是听话的孩子，而应该有一个更宽的底线：不有意伤害他人、不犯法就是好孩子。父母要学会敢于接受孩子的逆反，让孩子对生活有主见，发展孩子的自发性而非强迫性，才是真正的爱孩子。

沟通的前提：父母理解孩子

化解任何僵硬的关系，都需要一方先去理解并包容另一方。在亲子关系中，谁先理解谁？是大人先理解孩子还是孩子先理解大人？

当然需要父母先理解孩子。许多父母面对问题时，首先指责孩子，抱怨孩子不理解大人，却从来没有试着站在孩子的角度先去体谅一下孩子的感觉和心情。

孩子的人生才刚刚开始，经历少，经验欠缺，最需要父母的体谅，不能苛求从未经历过成人世界的孩子于猜测中去体谅父母。

当然，理解的关键是倾听。如果父母能尊重孩子的独立人格，不以自己的好恶标准去要求孩子，并愿意与孩子互动，那才可能进行一次良好的沟通。

　　想理解孩子必须先了解孩子的情绪，知道他为什么生气、嫉妒、不安、颓丧……然后设身处地地去尝试理解。

　　在这个过程中，父母不应该用自己既定的想法、教条、公式、形象去与孩子形成心理对抗。比如"你怎么能这样做？""你不能这样……你看别人家的孩子……""你太让我失望了……"等话语，都会触发孩子的逆反心理。

　　想要做到理解孩子，父母必须接受孩子的一切，包括毛病和缺点。孩子的情绪和行为如果得到父母的接纳和包容，他们就知道自己在父母眼里怎么样都会被接受，知道父母不会因为任何条件（学习好、听话懂事、有特长等）才肯爱自己。

　　孩子知道自己不用那么完美，不用样样都好，心里的压力减少了，才敢于主动认识问题和错误，而不用回避或隐瞒，同时也能让自信心更强，更懂得自爱。在如此良性的沟通中，孩子深刻感受到父母的爱，自然会健康而快乐地成长。

沟通生活，而非设计生活

　　父母往往有一个错误的观念——自己的孩子输不起，于是帮孩子安排好每一步，不用孩子去想自己怎么生活。这种情况说明不是孩子输不起，而是父母输不起。

其实，父母真正应该做的是与孩子沟通他所拥有的生活，而非为他设计生活。

父母不可能永远替孩子生活，孩子早晚要离开父母的指导，去开创自己的生活。父母是希望孩子在自己的支持下勇敢地站起来，不断确定自己的生活道路？还是在恐惧的阴影下长大，只能压抑自己，不敢去过想要的生活？

"你应该按照我说的去做！""不听我的话，你看看结果怎么样！"父母的这种强硬方式往往收效甚微，甚至会触发孩子的抵触心理，使用比较婉转的沟通方式，更容易见到效果。

"跟我说说你对未来生活的向往吧。""你想要过怎样的生活？""我支持你选择自己想要的生活。"诸如此类的话语，能够给予孩子更多的自信，同时也能让孩子看到父母的信任与支持。孩子的心中产生了安全感，就能勇敢地去奋斗，更乐意将内心的想法与父母进行沟通。

与孩子沟通，选择恰当的切入点

当然，父母不能只专注于语言沟通，应该采取多种方式。例如，孩子喜欢音乐，那就和他一起听音乐或者去看演唱会，寻找合适的切入点，拉近与孩子的心理距离。

心理学上有"对立违抗"的说法，就是孩子首先会将攻击面设定为最亲近的人。父母的语言符号用多了，往往容易引起孩子的逆反心理，新颖的沟通方式容易增加情趣，常规的沟通方式通常无法调动孩子的兴趣和能动性。

作为父母既要认识到自己的人格类型，更要充分理解孩子的人格类型。比如有的孩子内向，有的孩子比较外向，要根据孩子的性格特点来选择谈心内容和交流方式。

父母如何与孩子进行沟通也是体现沟通技巧和沟通智慧的一个重要方式，当然不需要任何数据实验，父母就能知道这肯定是最有效的沟通方法：明确的、积极的、热情的、自信的、互动的沟通方式，会让孩子知道父母在说什么，并能认真去倾听父母在说什么。

若想让孩子在成长的路上更"听"父母的话，没有别的方法，只有父母先学会如何和孩子进行沟通，掌握更多的沟通技巧，继而才能去要求孩子，约束孩子，管教孩子，让父母和孩子之间的相处和平、融洽而得当。

千万别踏入沟通的误区

很多父母认为只要孩子听话，就达到了沟通效果，其实这是陷入了沟通的误区，沟通误区一般可分为以下四大类型。

沟通时问题不细化的误区

由于受到成长年代等各种因素的限制，父母教育孩子的语言和思维比较贫乏。针对这种问题，启发式问题能够帮助孩子表达想法。父母应该注意和孩子沟通的方式和方法，学会设计问题，用问话的方式来和孩子沟通，尽量不要用陈述句，而要尽可能地让孩子说。

"问"这种方式在今天是一种高级的交流形式，父母的提问应该具有很强的技巧性。不过，实际上很多父母爱问的是另一些问题，比如"你今天在学校做了什么啊？""你今天有没有很乖？""你在家听话不听话？"孩子通常会一脸迷茫地回答"没做什么""很乖""听话了"……

至此，话题往往进行不下去，因为孩子无法理解抽象事物，不懂得父母所说的乖和听话到底是什么意思。因此，与孩子对话要避免问及太宽泛的问题。

父母不妨从具体的小细节问起，例如"你在学校上了什么课？课上都学了什么有意思的东西呀？""你有几个好朋友，他们都叫什么名字？""你今天玩了什么好玩的游戏？"……

这样可以了解孩子做过什么，喜欢什么样的东西和人，在听到回答时，还可以仔细观察孩子的情绪反应。把问题具体化，再通过鼓励的方式去沟通，这样比较容易调动孩子的积极性，把握住他们思考和行动的方向。

沟通时提问过于严厉的误区

有些父母比较严厉，跟孩子沟通时缺少柔和的话语，惯于直接发问"功课写完了没？""练琴了吗？""这回考试考了多少分？"

此类对话通常以问句开始，一旦回答不符合要求，孩子就会受到一番斥责。

在父母看来，这是对孩子的督促和管教，尤其是与孩子共处时间少的那些父母，更希望把有限的时间用来好好"管教"孩子。可是，此类问话在孩子听来枯燥又冷漠。他们会认为：父母对我的关注是有条件的，他们只在乎我的"成功"，根本不在乎我的真实需求和感受。

长此以往，亲子关系会变得疏远，孩子的自我建构也会遇到很大的问题。这种教养环境下长大的孩子，要么变得逆反，要么害怕失败，怯于尝试新鲜事物。

怎么规避以上问题呢？父母不如换一种问法，比如"功课还顺利吗？我看你刚才似乎有些烦呢？""你觉得哪些课程比较有意思？""你最喜欢弹哪一首曲子？我很想听一听呢！"

用这样的方式去沟通，孩子会认为：我是被关注的、被理解的、被爱着的。他们会充满力量，努力尝试去独立解决问题。

沟通时传递负面情绪的误区

由于担心孩子在学校里犯错误、捣蛋，很多父母会直接问"你今天在学校有没有捣乱？""你今天没跟小朋友打架吧？"

如此提问要么引起孩子反感，要么将"捣乱""打架"等负面信息传递给孩子，并在孩子心里夯实，最终将他推向那些负面暗示。

其实，父母完全可以采取迂回的战术。想了解自己孩子的情况，不妨问问别人家孩子，比如下面的对话：

妈妈："你们班上今天哪个小朋友被批评了呀？"

孩子："XXX被批评了。"

妈妈："哦？那他是因为什么原因？"

孩子："他上课说小话了，说了好几次。"

妈妈："老师肯定会很严肃地惩罚他吧？"

孩子："嗯！老师让他罚站了！"

妈妈："老师有没有这么惩罚过你呀？"

孩子："没有，我不会说小话的。老师表扬我了呢！"

几句问答下来，父母就可以了解孩子的大致表现，包括老师如何授课，课上的一些具体情况等，自然也可以用同样的方式去问有谁受到表扬了等等。这样的沟通能帮助父母看清孩子在群体中的位置、对同学的行为有什么样的评价，从而把握孩子在自己看不见的时候是如何行为处事的。

沟通时姿态过高的误区

父母有一种习惯就是容易摆架子，用高高在上的口吻命令孩子，比如"你必须努力学习，我不需要学习不好的孩子"。这种语言表达对孩子是无效的，也是无益的，很容易造成心理上的紧张焦虑，让孩子的自信心受到打击，对学习慢慢失去兴趣。

姿态过高的父母往往会把自己的形象树立得高大权威，目的在于让孩子屈服，殊不知此举只会让孩子的自卑心理越来越严重，平时很难和长辈、老师去沟通，长大后甚至对父母失去信任，更不愿意相信其他人。

大人在和孩子聊天的时候，时不时就会摆出高高在上的姿态。孩子说不喜欢邻居家的小弟弟，大人往往接着说："人家比你小啊，你应该要懂事些"；孩子说学拼音真无聊，大人会说："拼音是很重要的"。

还有一种情况：原本和孩子聊得比较融洽，在放松的状态下，一旦孩子告知一次小事件、一个小秘密，或是自己曾经犯过的某个错误，大人会立刻翻脸，变成义正辞严的"法官"，对孩子进行及时的"教育"。

譬如下面的对话：

妈妈："今天在学校有什么好玩的事情吗？"

孩子："可多啦！今天和同学在操场跑步，我跑了第一。"

妈妈："不错呀！看起来你和其他小朋友玩得很好啊，他们都喜欢你吧？"

　　孩子："是啊，不过，XX今天打我了。"

　　妈妈："噢？为什么？"

　　孩子："因为我想玩皮球，他不许我玩。"

　　妈妈："那你怎么办呢？"

　　孩子："我就走开了。"

　　妈妈："走开了？妈妈不是告诉过你，要主动争取自己想要的吗？或者你去告诉老师啊！怎么记不住呢？下次一定要记得胆子大一些啊，听见没有？！"

　　这样的谈话往往以失败收场，孩子会闭着嘴，低着头，不再说话。与此同时，妈妈其实是把自己内心对"不敢争取权力""太胆小"的忧虑投射到了孩子身上，而对孩子来说，皮球就是皮球，跟敢不敢表达、敢不敢争取自己的需求或权利并无任何关系。

　　换一种方式，父母和孩子的沟通就会达到另一种效果。

　　孩子："因为我想玩皮球，他不许我玩。"

　　妈妈："那你怎么办呢？"

　　孩子："我就走开了。"

　　妈妈："你那会儿是不是挺难受的？"

　　接下来，可能有两种回答。

　　若孩子回答"也没事啦！他想先玩皮球，我就玩别的去。等他玩好了，我再玩！"

　　这种回答表示，"挨打"事件只是一个小朋友之间正常的小冲突，并未对孩子的情绪造成任何影响。父母也就不必再过关注此事，继续聊其他的好了。

若孩子回答"是啊，我还有些生气，就是想玩那个皮球啊。"

这表明孩子的确心怀芥蒂，此时父母不能着急上火，正确做法应该是继续倾听，并加以引导，比如"那你觉得应该怎么办呢？假如下次你还想玩，遇到他上来阻止，你打算怎么办？"

用心倾听孩子，让孩子愿意沟通

"倾"是趋于、趋向、侧着身子、用尽力量的意思，"倾听"就是要用尽力量地去听，要感同身受地去听，要俯下身子、放低姿态地去听。

家庭教育中，父母在孩子面前永远处于强势，如果父母能倾听孩子的诉说，一定要有高超的智慧，因为倾听意味着接纳，也意味着尊重。假如父母能用心倾听孩子的言语，双方之间的很多问题就会迎刃而解。

耐心倾听利于与孩子的沟通

据调查，70%的父母承认没有耐心听孩子说话，这是导致亲子沟通不畅的最大障碍，也是孩子出问题的罪魁祸首。

只要父母学会耐心倾听，孩子有了烦恼能及时倾诉，并得到化解，便不会产生严重的心理问题。就是说，耐心倾听是家庭教育中最简单、最聪明的方法。

　　第一，父母听孩子说得越多，越能意识到：经过无数的停顿、重复、前后不连贯的话语，孩子能说出很多有价值的东西。当父母真心体会到孩子具有丰富的内心世界，认识到孩子是一个独立个体时，会很乐意倾听对方说话。

　　第二，父母只有对孩子深入了解，才能有的放矢地进行教育。如果你对孩子了解得很少，那你教授的东西，他很可能早已学过。把学过的内容再讲一遍，孩子会不屑一顾，这对双方都是一种打击。

　　第三，能够用心倾听，说明父母对孩子具有足够的尊重，这种尊重会让孩子感受到父母的爱意，进而感受到自己的价值。父母越是充分地尊重孩子，孩子越能懂得自尊自爱。感受到的尊重越多，他对自身价值的认识也就越多。

　　第四，在父母的倾听中，孩子会感受到父母的尊重，会觉得自己在父母心目中占有地位。父母了解孩子，关系良好，

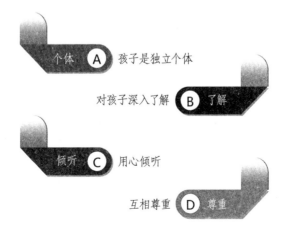

孩子就给予父母同样的尊重，愿意听从教诲。只要父母给予正确的爱，没有哪个孩子不想按其意志办事，不想得到对方的认可。

在爱的互惠中，亲子双方可以感受到成长和进步的力量。价值创造价值，爱心诞生爱心，能量产生能量，在爱的默契中，父母和孩子将共同走向幸福。

让孩子表达想法

进入移动互联网时代，电脑、手机等已普及，孩子从小获得的信息量已远非30年前可比。现在的孩子不仅智商高，而且内心世界非常丰富，喜欢坚持自己的看法、见解和选择。当父母与孩子一起生活，不能只给予生活上的关怀和照顾，还要深入到孩子的内心，听听他们是怎么想的。

现在，大多数年轻父母在生活上对孩子都十分关爱，含在嘴里怕化了，捧在手里怕烫着。可是，真正将孩子作为独立人来看待，能够尊重和倾听的父母并不多。

当孩子坦露心声时，父母往往没有耐心听完，随便打断孩子的话，甚至出现训斥、打骂的情况。当大人热火朝天地聊天时，突然冒出一个小脑袋，时不时地瞪大眼睛问一句，父母就会呵斥："大人说话，小孩儿不许插嘴，一边玩去！"这样等于剥夺了孩子的发言权，孩子只能将要说的话咽回去，悻悻地回到自己房间。

对于父母来说，没让孩子表达想法也许不算什么，但对于孩子来说，父母不关心自己的想法就是不尊重他们，自尊心和自信心都会受到打击。

再小的孩子也有很强的自尊心，也需要别人的尊重，更需要他人的倾听。因此，在和孩子沟通时要摆正心态，以朋友的身份和孩子平等沟通。

许多孩子心里有话不愿跟父母说，而愿意跟朋友说，就是因为朋友可以和自己平等沟通，父母却总是以高高在上的姿态去看待孩子的事情，认为都是小事。父母何不做他们的大朋友？做孩子的良师益友？这会让孩子对父母更尊重、更理解，甚至会崇拜父母。

一对父子在餐厅里用餐，爸爸随口说："这个餐厅不赚钱。"

儿子说："我觉得能赚钱。"

爸爸有些不满："怎么可能？你看这个餐厅多小啊？"

孩子拿出纸笔，说："爸，我跟你算笔账，你看这个餐厅一共13张桌子，34个座位，客人用餐时间大约一小时，平均花费是……"

爸爸开始恼怒："你的算法太幼稚了！你爸我当了二十年商人，这个餐厅赚钱不赚钱我一眼就看出来了，你有什么商业经验？"

其实，谁对谁错根本不重要，重要的是孩子去思考判断对错的过程。

在餐厅和父亲一起用餐的这个孩子，小小年纪就敢于用自己的幼稚算法去计算一个餐厅是不是赚钱，但是父亲却愚蠢地把孩子思考判断、寻找真相的过程粗暴地打断了。同时，他打断的还有孩子的自我成长过程。

对于孩子，父母一定都会期待、鼓励和自己有不一样的意见。此时，父母可以像苏格拉底一样，提出很多问题，让他们一步步去证明自己是正确或错误的。谁对谁错根本不重要，引导他们学会独立思考的过程才最重要。

在这个过程中，他们会慢慢开始思考自己是谁，人生应该怎样，应该怎么去做，会慢慢变成一个有想法的人，对于考试、学历、专业技能等等，自然也懂得了如何应对，父母其实根本不用操心。

很多父母可能会觉得很难，会想是不是需要苏格拉底那样的提问能力，其实大可不必担心，只需要保持开放的心态和理性的态度就可以了。

小技巧让沟通更融洽

双方沟通一是要选择宽松的氛围，二是要在孩子心情好的时候。父母要懂得把握时机，适时沟通，在吃饭时或全家一起散步时，沟通会更融洽，在孩子认真做事和刚刚挨完批评时，沟通往往会适得其反。

当然，除了前文提到几大误区需要避免，亲子沟通时的肢体语言也很重要，以下是几个注意事项：

（1）沟通时，要与孩子有目光的交流。和孩子有了眼神上的交流，会让他们感觉得自己和父母是平等的，父母不会用高高在上的语气来和自己说话。没有强硬的态度，会让孩子感受到父母对自己的尊重，避免了孩子的恐惧心理。

（2）孩子小的话就蹲下来温和地平视。孩子喜欢大人握握他的手，摸摸他的头，搂搂他的肩等，这些亲密动作会让他们感觉到父母的爱意，让大人和孩子的心靠得更近。

（3）不管孩子的话有多么好笑，多么幼稚，都要保持诚恳的态度，不要随意发笑。否则，孩子会认为你在嘲笑他，不愿意再跟你说话。

（4）简单粗暴的指责会让孩子大失信心，改变对自己的评价。父母应该帮助孩子分析事情的本质与发展趋势，引导孩子在反思中进步。

（5）如果你想要求孩子做些什么事，应该采用商量的态度。过多要求和乱下命令，不但会让孩子产生压力，还会激发逆反心理。

（6）对孩子的缺点和错误，不要在外人面前随意评述。中国的父母喜欢在别人面前恭维别人的孩子，有时甚至通过贬低自己孩子的方式去赞美别人家的孩子，这种做法都是不正确的，只会让孩子觉得没面子而对父母产生反感。

凡事多站在孩子的角度去想一想，当他们不愉快或委屈时，应该先适当安抚。

（7）不要一边看手机，一边用"哦""嗯"之类的语气词去敷衍孩子。

（8）有时候，孩子会说出一些让父母吃惊或反感的话，控制好自己的情绪和脸上的表情，先淡定地听孩子说完。他在你面前能够畅所欲言，比立刻解决那个"问题"更重要。等到孩子说完，再去客观地解决"问题"。

（9）对于同一件事情，说得次数多了，肯定会让人烦，也会让孩子激起"你越不愿意让我做，我就越去做"的反叛心理。对他们的一些不合理要求应该坚决、简洁、平和地说出来，但当孩子犯错误时，一定不要像"翻老黄历"一样把之前的错误都说出来。

孩子有能力做的事情，让他们自己去处理，给予他们管理自己和独自处理问题的机会。孩子会为父母的进一步信任而高兴，并能从中得到深刻的体悟。

（10）允许孩子在家庭事务中商议、表决。对于家中的一些事情，应该引导孩子参与决策，这会增强孩子对家这个概念的理解和感受，会拉近孩子与父母的距离，孩子也会认为自己获得了认可和尊重。

第2章

放下姿态，
父母蹲下去与孩子沟通

"我要走进你的世界，你不让；我想让你走进我的世界，你又不来。"这是一位和父母难以交流的孩子发出的无奈心声。

孩子们有许多事情、许多感受很想跟父母述说，然而却无法畅快交流。

孩子的欢乐、苦恼和意见，没有得到及时交流，主要责任在于父母没有给予应有的重视，没有认真倾听。

如何听取孩子的意见和感受，实质上是父母对孩子的态度问题。

父母在沟通中经常扮演的错误角色

　　很多时候，父母在与子女沟通时，虽然很想了解子女内心的感受，很想接纳孩子的情绪，但是传统角色常常造成亲子间沟通的障碍。

　　在大多数人的成长背景中，没有人教过父母如何正确地处理自己的情绪。因此，父母错误地认为失望与恐惧的心情是不好的。

　　当孩子表现出这种负向情绪时，父母通常不知道该如何处理，于是困惑中的他们长期扮演着八种错误角色：

指挥者

　　指挥者类型的父母喜欢完全掌控所有的事件，并且企图去扭转一切负向的情境。面对哭泣的孩子，他们会很自然地警告孩子："不准哭，不准再哭了！再哭就……"

　　面对挫折、悲伤的孩子，此类型的父母常会命令、指挥和威胁，以保持自己的优势地位。

最常见的语句就是："这是你对父母的态度吗？""我警告过你很多少次了，不许打游戏！""如果你再被老师批评，我就把你赶出去。""电话不要讲那么久，不然我把电话停了。"

说教者

说教者类型的父母是一个"应该主义者"，时常在与孩子的交谈中无意地流露出"你应该这样""不应该那样"。

最常见的语句是："你都上五年级了，应该懂事了。""你是大哥，不应该为了一点小事和弟弟争得面红耳赤。""你是哥哥，应该让着弟弟妹妹。""你不应该这样，这样做是不对的。"

万能者

万能者类型的父母会表现出一副无所不知、无所不晓的态度，很喜欢替别人解决问题。喜欢向孩子炫耀丰富的人生经历，采取的沟通方式通常是说教、忠告和教训，目的是要子女认为他们是如何优越。

最常见的语句是："看嘛！我说的没错吧！""用用你的大脑，好好想一想吧！""想当年，我在你这个年纪就……"

审判者

审判者类型的父母通常不经审判就宣告孩子有罪，目的是想证明错的永远是孩子。

最常见的语句是："成绩这么差，一定是你不用功。""不要再说了，照我说的去做，没有错！""一定是你先动手打人的。"

批评者

就像审判者、说教者、万能者一样，批评者类型的父母喜欢以严苛的标准来挑剔子女的行为，并且用嘲笑、讽刺、诽谤和开玩笑的方式来压制孩子的欲望。

最常见的语句是："你以为你长大了吗？翅膀硬了，想飞啊！""你以为你是谁啊？""天啊！这是我儿子吗？"

心理分析者

心理分析者类型的父母如同一位心理学家般发觉、分析、诊断孩子的种种问题，并且将问题的原因推在孩子身上。

最常见的语句是："问题在于你自己缺乏信心。""为什么你会选择这么落伍的方法呢？""我想你太在意别人的看法了。""我觉得你又在胡思乱想了。"

安慰者

安慰者类型的父母会以轻松的方式处理孩子的情绪，以避免自己卷入其中，如轻拍孩子的背、草率地安抚等，在困难重重时，却伪装成一切都没有问题，这是父母对孩子忧虑、焦急情绪的回应。

最常见的语句是："放心啦！不会有事的。""别担心，天塌下来有高个儿顶着呢。""人生不如意十之八九，何必这么在意呢？""这是上天给你的考验，加油吧！"。

权威者

权威者类型的父母很爱在孩子面前为自己树立一个"教科书"的形象，给孩子灌输"我做的都是正确的，你做的正确与否由我来决定，你的一切都应该以我的想法为标准来进行"。

最常见的语句是："我说的都是对的！""按照我说的做！""你做的都是错误的。"

以上八种传统的父母角色，之所以被称为错误角色，是因为这些父母会反复地指出问题的来源都是孩子造成的，此举不但无法疏解孩子的负向情绪，反而增加了孩子的压力。这样的方式不能为双方建立起开放式、鼓励性及建设性的正向沟通，还会扼杀孩子表达的勇气，更重要的是，它严重剥夺了孩子做出决定并为自己行为负责的机会。

了解是沟通的前提

父母每天都和孩子在一起，看着孩子一天天长大，可是真的了解孩子吗？父母知道孩子的脑袋里想的是什么吗？

有时大人觉得孩子的想法幼稚可笑、无关紧要，只要听话就行，不妨换位思考一下，成年人愿意过不准发表意见、只能听令于别人的生活吗？

孩子正在成长，在他们的眼里，世界每一天都不一样，今天可能是这样的，明天可能是那样的。随着长大，他们对身边事物的认知在不断地变化。

及时了解孩子的想法和意见，这对他们个人的能力培养有很大的促进作用，往小处说是帮助他们解决心中的疑惑，往大处说是培养他们优良的性格。

你对你的孩子了解多少？

父母只有了解了孩子，才能和孩子建立起良好的沟通模式，才能真正走进孩子的内心世界。

孩子对外界的反应方式各有不同，经过调查研究发现，大致可以归纳为以下几类：

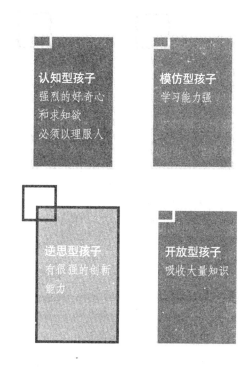

1.认知型的孩子

认知型的孩子普遍有着强烈的好奇心和求知欲，喜欢打破砂锅问到底，脑子里像有10万个为什么。这样的孩子非常善于思考，长大以后属于思考型的人，逻辑思维能力很强，口才也不错。认知型的孩子比较适合美式教育法，平常要以朋友的方式来对待。

与孩子沟通时一定要以理服人，这样他们会比较容易接受，不要让孩子感觉你在以大欺小，父母对孩子有某些想法或要求时，可以用征求的语气说出来，比如"孩子，妈妈觉得这件事这样做会好一点，你看是不是？"或者"妈妈觉得这件衣服比较适合你，你觉得怎么样？"孩子会认为自己得到了尊重，会积极主动地动脑思考。

认知型的孩子大多内省智能比较强，因此在他们犯错误的时候，可以先诉情，比如"你这样做，妈妈很难过，很伤心。"之类的话。

看到父母不开心的样子而且没有责怪自己，孩子就会自我反省，犯错后抗拒的心理情绪也会相应下降。接下来的说理自然会比较顺利，孩子一般不会再设法狡辩，有效避免了亲子之间发生冲突。

要注意的是，父母一定不能说"你怎么这么笨，你怎么这么不听话。"之类的话，常说一些"你这样做，我会很伤心。"之类的话，孩子会比较容易接受。

孩子遇到挫折时，父母要给予鼓励，而不是嘲讽，比如"你现在已经做得很好了，爸爸像你这么大的时候还不如你呢！"千万不能说"你怎么这么笨啊，这么点小事都做不好。"此类话语对孩子的心理打击很大，容易造成胆小懦弱的性格。

2.模仿型的孩子

模仿型的孩子，模仿能力会很强，只要他感觉好玩或有兴趣的事物，不论好坏一律都会学过来。因此，要慎重选择孩子的玩伴，及早告诉孩子什么是正确的，是该学的；什么是不好的，是不该学的。

孩子与父母相处的时间最多，所以父母一定要以身作则，不要在孩子面前有不良表现，以免给孩子带来负面影响。

平时要多鼓励孩子，多夸奖孩子，令其对美好的事物加深印象，形成良好的习惯。另外，还要多给孩子读一些伟人传记、历史典故以及寓言故事，树立起好的榜样，有意识地引导并规范行为。

3.逆思型的孩子

逆思型的孩子有一些行为与常人不同，却拥有很强的创新能力，具有发明家的潜力。若能掌握孩子的特质，并用适当的方法去进行沟通和引导，以往那些令父母头痛、"爱找麻烦"的孩子也会很容易地纠正方向，走向正轨。

这种类型的孩子思维方式与常人不同，会从父母意想不到的角度去考虑问题，让父母、老师觉得很好笑。其实，这只是因为孩子与大人看事物的角度不同，并不代表孩子的见解和行为有错误。作为父母，此时一定不要立即斥责孩子，而是应该站在孩子的角度去理解和引导。

切忌不尊重孩子的意见，强迫孩子顺从大人的意思……建议可用激将法让孩子向相反方向前往。比如，你不做这件事，不是因为你不想做，而是因为你根本做不到；或者可以用积分的方式给予奖励，达成了给予奖励或礼物，反之给予处罚，因为孩子都喜欢竞争与挑战；还可以与孩子协商制定合理的管理奖励办法，借以激发孩子的动力。

4.开放型的孩子

开放型的孩子，拥有开放思考以及大量吸收的能力，就像海绵吸水一般，可以大量吸收各类知识。不要怕孩子吸收不了，也不要怕孩子太小，会感觉累，正常情况下，他们都会轻松地吸收并消化。

很多这种类型的孩子可以同时上好几个课外班，而且学得不错，也没有感到吃力，因为他们从小对各类事物的接受能力就很强。要知道，0-10岁是孩子最关键的基础期，对孩子的培养意义特别重大。

这类孩子的缺点是学习的主动性不够，属于被动学习型。如有父母陪同学习或是一对一辅导，效果会明显提高。如果培养的力度和广度不够，孩子的潜力会被浪费，反之，孩子的智能和技能都会得到很大的提升。

了解孩子的几种途径

其实，与孩子沟通交流的方式有很多种，父母可以根据孩子的实际情况挑选最适合的方式。只要父母开动脑筋想一下，改变一下交流的方式，问题也许就能迎刃而解。

1.书面交流：与孩子进行心灵对话

相对于面对面的口头交流，书面交流方式具有独特的优势。于父母，可以尽量斟酌语句，努力让自己的表达达到"动之以情，晓之以理"的效果；于孩子，可以在嗅着温馨墨香、感受来自父母亲笔关爱的同时，和父母进行心灵的对话。而且，书面交流还有利于反复阅读，仔细揣摩。

家庭可以设一本谈心本。在学校里，有经验的班主任常用这种方式和孩子谈心。在家庭教育中，这种方式简单易行，只要准备一本本子，随时和孩子写写自己心里的感受就可以了。如果条件允许，父母还可以和孩子用它一起写日记。

父母平时可以给孩子留言或写信。有些口头不好表达的东西，可以通过写留言或书信的方式和孩子沟通。也可以准备一块白板，随时把自己想说的话写在上面，孩子亦能通过它来向父母传递信息。

父母可以写一张纸条直接给孩子，或者将写好的纸条放在孩子的书包里，夹在他的书里等等。写给孩子的书信通常有两种方式，一是直接给，二是通过邮局寄出，这两种方式的效果是不同的。

2.网络交流："以子之矛，攻子之盾"

和传统的书面交流方式相比，网络交流具有以下几个方面的优势。

（1）多媒化：可以使用文字表达，也可以用音乐、图片、动画等各种方式与父母交流。

（2）虚拟化：这是该方式最大的优点。在虚拟网络中，父母可以以孩子同龄人的身份去和孩子沟通，也可以以长辈的身份对孩子进行教导。由于距离关系，孩子更容易听取"第三者"的话语，让交流变得更顺畅。

（3）多角色：在虚拟网络中，你可以不断变换角色，不断变换年龄、性别或身份等等。

运用网络交流的方式去了解孩子，具体途径如下：

（1）社交软件交流。如果孩子有玩社交软件的习惯，父母可以到他常去的社交网站注册一个用户名，然后和他沟通。每天用一个虚拟用户名和孩子交流看法，几个月后即可证实，这是一种非常有效的交流方式。

（2）发送电子邮件。和写信相比，电子邮件具有更丰富、更生动的表现形式，文字、声音、图片、动画等等都可以帮助父母和孩子进行交流沟通，可以以真实的身份出现，也可以以虚拟的身份出现。

（3）微信交流。如果孩子习惯和朋友以微信发送信息，建议用这种聊天软件的方式和孩子进行沟通。喜欢用聊天软件的孩子往往和别人直接交流的能力较弱，甚至不愿意和人直接交流。在这种情况下，微信交流方式是最佳选择，"以子之矛，攻子之盾"，采用孩子喜欢的方式，沟通起来会更容易，效果也会更好。

（4）电话交流。电话交流有面对面交流的优点，同时也可以避免一些面对面的尴尬。短信是一种很好的交流方式，在孩子遇到挫折的时候，发过去一条温情的短信，他的内心就会洒满阳光。和孩子交谈遇挫的时候，一条短信也可能会打破言语的坚冰。

（5）委托他人：借助第三方力量

当父母在和孩子交谈无效的情况下，可以邀请别人（比如亲戚、老师、同学等）和孩子交谈，间接地表达自己的观点，这样做有时候会比父母直接说更有效果。

沟通从放下姿态开始

　　"找不到好的沟通方法"已成为很多父母的最大苦恼。事实上，父母首先应该以平等的态度，敞开心怀去和孩子谈看法、讲见闻、说愿望、道欢乐、诉苦衷，共同营造一个民主对话的气氛。

　　如果父母能够再掌握一些沟通技巧，那么亲子关系就会更亲近，很多教育上的问题也就不会成为问题了。

放低权威

通过有效沟通，父母可以及时发现、了解孩子的心理问题，并用正确的方法给予引导，这对孩子的身心发育很有益处。父母应该知道，孩子在不同的年龄阶段有着不同的心理发育特点，家庭教育必须根据孩子的身心发育特点来进行，否则会给孩子增加不必要的心理压力，甚至影响到人格发育。父母要与孩子进行心理上的沟通，就要掌握沟通的方法。

上文中提到一些父母把自己定义为孩子的"权威者"，总把自己的想法视为标准。很多年轻的父母会有一种感受：孩子越大，越难以沟通。孩子常说"我不要穿这件衣服，太紧了。""我是对的，你才错了。""你去哪儿？我也要去"……诸如此类，日复一日，父母常常被折腾得筋疲力尽。

然而细想想，父母也许存在一些不好的习惯：不给孩子申辩的机会，剥夺他们说出真实感受的权力；批评孩子的时候用手指指着孩子；当孩子与自己的想法不一样时便火冒三丈；谈话结束以后，父母不会给孩子一点安慰。

亲子之间进行沟通时，父母要讲究策略，哪些话能说，哪些话不能说，都应该考虑。父母应该意识到这些问题，反省并留意自己的言行，尝试改变自己的说话方式，并站在孩子的立场去考虑问题。

跟孩子谈心交流时，父母对自己要有个适当定位，要有个恰当的心态，还要有个恰当的切入点，更要设法营造一个随心所欲、自然和谐的氛围。尤其是要随意一些，不要表现出明显的目的性。

1.先学会关心自己

现在有很多父母都在感叹小孩难教，其实他们若是愿意仔细观察和思考，就会发现问题大多出在成人身上。

有位妈妈特别忙，回到家里已是筋疲力尽，经常没和儿子说上几句话就睡着了，还时常因为孩子的一点小过错就发火。有一天，这位妈妈不小心把牛奶洒到儿子心爱的图画书上，他情绪激动地叫喊着："你为什么这么不小心？"活脱脱一个成人缩小版，妈妈方才惊觉自己犯了一个多大的错误。

如果父母忙于工作，只是把家庭当作休息和睡觉的地方，常说一些消极、带有强烈负面情绪的话，孩子同样会感觉到不快乐，会出现消极抑郁情绪，甚至感受不到家的温暖。因此，父母要经常检查自己的情绪，先学会关心自己，放松自己，让自己成为一个快乐的人。

2.少说教，多倾听

孩子最不喜欢的就是父母的唠叨，说多了还会造成逆反心理，可是父母根本不理解孩子的感受。久而久之，孩子便不愿与父母沟通，抱有一种"不管你怎么唠叨，我不理就是"的心态。

为了避免这种情况出现，在与孩子沟通时，父母尽量做个忠实的听众，让孩子畅所欲言。这样父母才能找到某个切入点，适时点拨一下，达到沟通的目的。

倾听比说教更有意义，只有倾听孩子的心里话，知道孩子想什么，关注什么和需要什么，才能有针对性地给予关心和帮助，也会使以后的亲子沟通变得更加容易。

孩子向大人诉说高兴的事，应该表示共鸣。比如他在学校得到了老师的表扬，父母可以称赞："噢，真棒，妈妈也替你感到很开心"。当孩子诉说大人不感兴趣的话题，应该耐着性子听，可以使用"嗯""是吗""后来呢"等词，表示你在认真地倾听，鼓励孩子继续说下去。

3.要给孩子解释的机会

孩子做了错事，要耐心地与之沟通，听孩子的解释和事情的来龙去脉。有些父母不等听完解释就发火，或者直接霸道地否定孩子，孩子没有得到理解，自然会很难理解父母的良苦用心。

生活的时代和环境不同，考虑问题的角度会有差别。因此父母要做到换位思考，宽容地对待孩子的观点，同时也要相信孩子，这样孩子才能对大人也产生信任。

4.要有换位思考的意识

父母要站在孩子的立场去考虑问题和处理问题，同时也让孩子当一把父母的角色，体验一下做父母的难处，角色的互换很容易赢得相互的理解和信任。

相互之间的理解和信任，是父母与孩子之间进行交流和沟通最重要的前提条件。不妨让孩子体验一把做父母的感觉，让他负责整个家庭某一段时间的日常事务。

5.要让孩子发表意见

不能永远只是父母说孩子听，要鼓励孩子说出自己的想法，而且不管说什么，都应该让他把话说完。在讨论一般的家事时，不妨也让孩子参与进来，不管最后是否采纳了他的意见，都应该让他感受到自己在家庭中的重要性，他也会因此而更加尊重长辈。

千万不要说"大人说话小孩不要插嘴"，这会让孩子误以为自己的内心想法得不到父母的尊重和认可。

6.要学会和孩子交朋友

在和孩子交流时，要放下父母的架子，袒露自己的心声，尊重孩子的观点，和孩子平等沟通，给孩子营造出一种他已经是大人的气氛，让他享受大人的部分权利，同时也引导他自觉履行大人的义务。

若能做到这些，孩子与父母的共同语言就会增多，双方的交流和沟通自然会更容易。时间一长，孩子有什么心里话都会告诉父母，双方就会成为无话不谈的好朋友了。

放低身段

和孩子沟通的时候，很多大人都喜欢站着，如果能蹲下来说话，蹲下来看这个世界，他们就会发现一切都很不一样。

父母站着的时候，看到一个桌子很矮，觉得没什么了不起。一旦蹲下来，便会发现这个桌子很高，如果想在桌子后面再伸出脑袋让大家看见，真不是一件容易的事情。

曾经有一个案例：元宵节的晚上，爸爸带孩子去庙会里看灯。很多人都在挤，孩子一直吵一直闹，爸爸很烦躁，说："这么多人这么挤，我还带着你一直拼命往前走，你这个孩子怎么一点都不懂事？你一直闹，到底在闹什么！"最后他实在没办法了，想把孩子抱起来走，当他蹲下来准备抱孩子的一瞬间，突然明白了孩子为什么一直哭闹，因为当爸爸发现他能看见的只有腿，眼前只有无数的腿——这就是孩子的视角。

孩子感受到的世界和成年人的世界不一样，其实各位父母在小时候也有过如此惶恐无力的时刻，觉得这个世界什么都是那么高、那么难，自己是那么弱、那么小。可是当人们长大以后，大多都忘了这些事，也忘了这些感受和经验，常会以一个成人的标准去要求孩子。

自己小时候碰到一道算术题不会做，父母也会说孩子怎么那么笨，这么简单的题都不会。很多人长大以后会忘了这些不愉快的经历，只记得那些好的记忆，为的是让自己心里舒服一点。

意识到了这一点，父母在跟孩子沟通的时候，最好能蹲下来跟孩子保持一个平等的视线。只有在双方视线平等时，孩子才能真正开始听你说话。

1.与孩子沟通要先"热身"

孩子放学回来，妈妈立马就问："为什么昨天没告诉我，你去了网吧？"结果孩子没有搭理，埋头走进房间。妈妈本来很有诚意跟孩子沟通，然而见面就是质问，会令孩子的沟通意愿大打折扣。

父母和孩子说话，先要寒暄，需要谈话预热的动作，等到彼此建立了相互信赖的谈话氛围之后，再开始沟通主题。

沟通热身的步骤：

（1）用愉快的语调和孩子打招呼。

（2）察言观色，确认孩子有心情及时间说话。

（3）问孩子现在是否愿意聊聊，征求他的同意。

（4）聊孩子感兴趣的话题。

2.沟通要和颜悦色

和谐的气氛永远是与孩子沟通的润滑剂，要专心听取他们的意见和看法，理解他们的情感和需求。

一起去吃饭；一起去听音乐会；参观绘画艺术展；观察身边的各种事物，如一花一草一木，还有路上汽车的颜色、造型、品牌，以及街上行人的穿着打扮、说话内容、百货橱窗……都可以成为谈话的素材，都是与孩子沟通和交流的最佳时机。

父母首先要控制好情绪，以平和的心态对待孩子，孩子在意的是父母的情绪和对自己的态度，并不在意说话的内容。

因此，面对面的沟通要心平气和，不要疾言厉色；要放下父母的架子，调整自己的身份，用肺腑之言去做心灵的沟通；目光要充满爱，眉头舒展，嘴角上提，让孩子感受到大人是爱自己的；动作、手势、神态均要由内而发，让内心情绪充分外化出来。

任何强硬的措辞都会让孩子难以接受。"你要怎么怎么

样""你应该怎么怎么样""你不能怎么怎么样"……强硬的话语
说得越多，孩子越是反感，甚至可能干脆就不开口了，还谈什
么与父母用心灵沟通？

3.沟通前先喊孩子的名字

名字对孩子来说是重要的信息，当和孩子进行沟通之前，
即使父母有很大的情绪，也要耐心地先喊孩子的名字，稍等片
刻之后再传递信息。

在喊过姓名之后，确定吸引了孩子的注意，父母再说出要
表达的内容。比如：

"茉莉，（稍等片刻）妈妈的晚餐10分钟之后完成，十分钟
之内你要完成清理桌面、洗手……"

"茉莉，（稍等片刻直到孩子注意）你的家庭作业还没有完
成，你是不是应该先完成家庭作业呢？"

4.接触孩子的眼神很重要

当父母需要和孩子进行沟通时，记得接触孩子的眼神。父
母需要在一个可以和孩子对视的地方进行沟通，在这种情况下
沟通，孩子会更清楚自己应该怎么做。

很多的所谓"问题学生"，比较排斥与人进行眼神的交流，
如果要和孩子深入沟通，记得一定去接触他们的眼神。

综上所述，在与孩子进行沟通时，先说出孩子的名字，直
到他们认真注意到大人，然后接触孩子的眼神，这代表父母在
认真、严肃、温和地与孩子进行沟通。同时，此举也表明了父
母的态度：我重视你，我努力地理解你。

放低音调

美国一位著名的心理学家曾研究过最佳谈话方式，结果表明，低声的谈话方式比高声的谈话方式更能达到说服别人的效果。后来，这种现象在心理学上被称作"低声效应"。

在生活中，很多父母经常遇到这样的教育场景：面对哭闹的孩子，父母越是歇斯底里地高声训斥，孩子的哭声越来越高。

其实，孩子的哭声是被父母的高嗓门"吊"上去的。亲子之间这种"高"对"高"的应战往往分不出胜负，最后会以双方筋疲力尽而告终。

实际上，这也反映了沟通中的一种规律：心平气和地讲话，对方会平静地应答，如果满怀怒气地大声嚷嚷，对方也会不耐烦地回应。

在家庭教育中，这种沟通规律提醒各位父母：有理不在声高。当父母与孩子沟通时，不管是提醒他们，批评他们，或是讲述什么事情，用较低的声音往往比用较高的声音效果会更好。

一个4岁的小女孩性格有些内向，一次家里来客人了，她不好意思与客人打招呼，正当不知所措时，妈妈凑在耳边说了一句话。不一会儿，小女孩端着一盘水果走到客人面前，大方地说："阿姨，吃个水果吧！"在场所有人都为小女孩的表现竖起了大拇指。

家里来了客人，孩子不去主动打招呼，遇到这种情况，大多数父母都会高声地提醒孩子"快跟阿姨打招呼呀！"或者"快给阿姨去拿水果呀！"由于父母的高声催促，孩子往往会更加紧张，更加不知所措，进而变得更加内向。

上述案例中这位妈妈没有冲着孩子大声嚷嚷，而是利用"低声效应"，凑在耳边轻声提出建议。这样做既缓解了孩子的紧张情绪，又给孩子留足了面子，孩子当然会乐于配合，认真地表现自己了。

其实，即使是批评孩子的话，如果父母低声表达出来，也能让孩子平静地接受，并主动改正错误。

一次聚会中，有个小男孩表现得很不好，一会儿把电视声音开得很大，一会儿又把关门的声音弄得很响……爸爸走过去蹲下来，用只有孩子才能听到的声音对他说："你的表现令我很失望，安静地看会儿电视，可以吗？"

虽然是批评，但爸爸的语气并不严厉，脸上始终带着微笑。小男孩听懂了意思，马上安静下来，不再到处乱动了。

几岁的孩子在面对父母的批评时，总会找出一些合理或者不合理的理由来狡辩，但当父母把批评的音量降低时，孩子往往会放弃狡辩，主动与父母合作。为什么"低声效应"会有如此神奇的功效呢？

从心理学和物理学上来讲，"低声"之所以能够产生如此神奇的沟通效果，主要有以下几点原因：

1.父母低声讲话，可以让孩子感觉到父母是理智的，从而促使孩子也保持理智。例如，当孩子哭闹时，如果父母不被孩子的情绪所感染，用理智的态度对待孩子，那孩子也会逐渐由激动变得理智。

2.父母低声对孩子讲话，意味着这是私下里的谈话，容易形成"促膝谈心"的良好氛围。即使是批评，这种氛围也能让孩子更好地接受。

3.父母低声与孩子讲话，可以形成一种暗示：这是一次郑重的谈话——从而引起孩子足够的重视。

4.从物理学的角度来讲，父母低声对孩子讲话，孩子必须集中精神才能听清，有助于认真捕捉父母讲话的信息。当然，父母低声对孩子讲话还有一个好处，就是可以让父母控制自己的情绪，令双方都处于冷静的状态中，为亲子之间的良好沟通打好基础。

由此可见，亲子沟通时的"低声原则"很值得父母们借鉴。当然，父母们也可以亲身体验一把，看看低声与孩子谈话是不是比大声冲着孩子嚷嚷要好得多。

第3章
提高姿态，
让孩子站起来

　　在成长过程中，孩子会经历挫折。面对挫折和困境，孩子像是掉进了一个坑，如何爬出坑去？必须用到梯子、绳子等工具，以及具体的使用方法。"爬出坑的必要条件"并非生来就会，对于不同年龄段、不同孩子来说，掌握的程度也有所不同。

　　当孩子处于挫折和困境中，首先要评估的是孩子克服困难的能力和获得的帮助是否足够？如果有一定的差距，就需要父母亲身示范或现场教导，比如提供辅助工具或者搭一把手。

父母的态度很重要

现在的孩子多是独生子女，父母们生怕他们磕着碰着，疼爱得不得了。但正因为这样的疼爱教育，让孩子大多缺少应对挫折的正确心态。父母应该明白，孩子总会长大，挫折是人生的必经之路，与其总是跟在后面多加保护，不如教给他面对的勇气。

孩子受不了挫折，一般有以下五大原因：

过分溺爱

很多父母都把独生子女视为掌上明珠，样样事情依从孩子，久而久之，孩子形成了"以我为中心"的心态和任性的性格。在这种环境中成长的孩子，受不得一点委屈和挫折，稍不顺心就会哭闹不停。

总想孩子赢

有些父母不愿意看到孩子失败，和孩子下棋、玩扑克、游戏、竞赛时，总是想尽办法让他赢。其实，这样做只会让孩子变得能赢不能输，对日后的成长没有帮助。

过分夸奖

赏识教育可以培养孩子的自信心，但如果过分赏识，会让孩子变得骄傲自负。一旦被强手击败，很容易心情郁闷、丧失信心而导致自卑。

推卸责任

很多父母在孩子摔倒时会故意打几下地板，告诉孩子："都是地面不平，害宝宝摔倒，妈妈打它！"这种举动无疑是将摔倒的责任推给了无辜的地板，长此以往，孩子碰到挫折就会习惯性地不去面对或推卸责任。

包办代替

正常情况下，孩子从1至2岁起会抢着要自己吃饭，还有些孩子要自己穿衣裤、穿鞋袜、帮忙叠衣物、收玩具等等。这些都是对动手做事的敏感表现，聪明的父母会很乐意配合，但也有相当多的父母忍不住包办代替，把一切打理得干净利索。孩子的动手能力没有得到锻炼，自理能力也提升不起来，往后在遇到生活上的困难时就会非常丧气。

即使父母想帮助孩子，也要注意切勿越俎代庖。假如父母平时帮孩子做作业，会让孩子失去独立思考的能力。父母只能帮他们一时，帮不了一世，孩子需要经历挫折，自己去努力解决问题，树立自信心。因此父母可以帮孩子找出问题，讨论解决问题的方法，鼓励采取行动并随时给出建议，让孩子知道完全可以依靠自己的努力去获得成功。

父母都期望孩子有良好的挫折忍耐度，要做到这一点必须循序渐进。当孩子遇到挫折时，父母应该引导孩子找出原因，找出解决的方法，然后建议他去试一次、两次、三次。

当孩子发现自己可以解决很多问题，就会一步步建立自信心，而不会轻易屈服。例如，学习新的功课，孩子刚开始可能不懂，但他会选择多种方法解决，比如去问老师或爸妈，自己再试一遍，看看同学怎么做，不会表现得很生气或是立刻放弃。

面对刚刚开始经历挫折的孩子，父母们一定要注意以下三点：

（1）不要随口答应孩子。口头承诺做不到，会让孩子对大人失去信任；

（2）不过度预期孩子的能力。不要灌输给孩子"你绝对是第一名、我最喜欢你考一百分"等思想，若是过度膨胀孩子的能力，会让他觉得只有得了第一名，爸妈和老师才会喜欢自己，如果得不到，爸妈和老师就不爱自己。久而久之，孩子在面临挫折与失败时会不自自主地选择逃避。

（3）不要剥夺他尝试的机会。不要因为怕孩子失败就去阻止他尝试，小时候的失败经历并不会造成多大的损失，反而能让孩子了解到失败没什么大不了的。若是怯于尝试，等孩子长大之后，在他眼里，一个小小的挫折都可能变成大石头，他不相信自己有能力将石头移开。

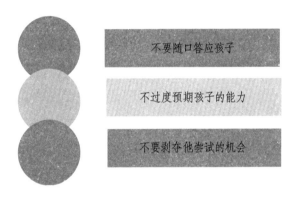

不要随口答应孩子

不过度预期孩子的能力

不要剥夺他尝试的机会

帮孩子克服挫折

很多父母把孩子当成家庭的核心，孩子们俨然成了"小皇帝""小公主"，过着衣来伸手、饭来张口的生活。这让孩子不能独自面对生活中的困难，更不用说承受挫折了。那么，怎样才能让孩子勇敢面对困难和挫折呢？

"3C"法度过困境

面对挫折，一般来说不同年龄的孩子会有不同的经验，也有不同的表现，这就需要父母使用不同的方法来引导孩子。

对于年幼的孩子来说，父母不允许自己吃饭，或者不允许自己玩耍，甚至是摔了一跤都可以引起挫折感。面对挫折，年幼的孩子通常会哭闹或发脾气，父母应该安抚孩子，让他停止消极的行为。

当孩子进入学龄阶段，他要面对的挫折会大不相同。这种挫折可能来源于无法得到同学的理解，无法得到老师的表扬，学习成绩不太理想等等。此时，学龄期的孩子会表现得沮丧、失落或忧郁，需要父母及时发现并帮助摆脱这种不良情绪。

孩子做错事的时候往往会产生消极反应，例如垂头丧气、闭口不言等。如果父母再来一顿呵斥或打骂，孩子会更加沮丧，抵抗挫折的能力也会更弱。

出现此类反应，父母一定要帮助孩子调整心理状态，度过情绪困境。如何去做呢？美国的儿童心理学家曾教授过一个"3C"办法，"3C"是指control（调整），challenge（挑战）和commitment（承诺）。

Control（调整）指的是一种心理上、情绪上的调整，是为了帮助孩子认识到"困难并不等于绝境"。例如，8岁的小春玩耍时不小心把新买的鞋子弄脏了，妈妈发现了，小春低着头不吭声。妈妈说："新鞋子弄脏了，心里很难过是不是？怕妈妈骂你是不是？"

这时候，孩子肯定会向父母说明自己是不小心弄脏的，并说出心里的感受。妈妈可以顺势开导孩子："我理解你现在的心情，尽管新鞋子弄脏了，但是你能主动反省自己，妈妈感到很高兴。"孩子听到父母的理解，心情也会放松下来。

Challenge（挑战）指的是给孩子一种心理挑战，让孩子学会在不愉快的事情中看到乐观的一面。比如孩子弄脏了新鞋子，父母要帮助孩子分析原因，然后教育孩子改正缺点，不要再犯同样的错误。

小春的妈妈是这样鼓励的："你是一个活泼好动的孩子，喜欢和小朋友们一起玩耍。尽管这次鞋子弄脏了，但下次一定要注意，如果到有泥巴的地方去玩，要小心的走路，尽量绕开水洼和泥土，这样就能玩得开心，也不会弄脏鞋子了。"

Commitment（承诺）指的是用承诺的方式帮助孩子看得更多，想得更远。例如，妈妈对小春说："你觉得新鞋子弄脏了让爸爸妈妈很失望，但是爸爸妈妈一直希望你活泼开朗，做个快乐的孩子。不管怎样，只要你以后注意点，爸爸妈妈是不会介意的。"

通过调整、挑战和承诺三个步骤，小春的不良情绪明显减少了。事实上，鼓励孩子克服困难和挫折的关键就在于父母要对孩子的努力和行为做出正确的评价，这让孩子也能正确评价自己的行为。

孩子总会遇到困难和挫折，父母应鼓励孩子乐观对待，不要总是消极地看问题。不管是什么原因，当孩子不能面对挫折时，父母应以乐观的情绪去感染和鼓励对方，如"这只是一点小事，不要怕，让我们一起来想办法。"

案例一

对于今年的春季校运会，小亮很有信心。他坚持体育锻炼已有三年，是学校里的运动小健将，每年春季校运会都是榜上有名。而且，小亮的爸爸是健身教练，早在一个月前就开始带他进行赛前集训，让小亮的体能和技巧得到了全面提升。比赛前一天下午，小亮和爸爸又来到学校的运动场地进行实地模拟训练，并在每条跑道上跑了一次"热身赛"。

比赛当天，小亮早早起了床，临出门前，还和爸爸来了一次击掌，"一定会胜利的！"可是中午回来时，小亮一进门就耷拉着嘴角，"妈妈，我没得冠军，连前六名都没进去。"话音刚落，两行眼泪便哗哗地往下流。

爸爸妈妈的心里也不是滋味，但还是调整情绪，心平气和地拉过了孩子。妈妈问："到底发生了什么，是比赛中摔倒了，还是遇到了强手？"

小亮哭着解释了一番，原来是其他两名运动员抢跑了，裁判却没有责罚，小亮和另一名运动员只好跟着跑，可是已经落下太远了。

小亮越说越伤心，越说越委屈，后来干脆呜呜大哭起来，像一只受伤的小猫一下子扑进妈妈的怀中。

爸爸走上前来，摸着小亮的头开导起来："孩子，确实是裁判不对，可是你也有问题，为什么要跑呢，你跑说明你默许了裁判的做法。完全可以选择'不跑'，这样裁判不就得重来吗？

再说，你也可以和裁判理论嘛，勇敢地说出你的观点。"小亮终归是孩子，听了爸爸的话，心情慢慢平静下来。

"明年不是还开运动会吗，只要努力，机会总是有的，下一次你一定会胜利！"妈妈也在一旁鼓励，小亮听了开心地笑起来。

在案例一中，爸爸妈妈安慰了小亮，告诉小亮遇到困难不代表无路可走，帮助他分析了失败的原因，还用"下一次你一定会胜利"来鼓励小亮。这一举动不仅让孩子迅速平静下来，也让他能够正确地看待失败和困难，为下一次的成功做好充足的准备。

案例二

今年的期中考试，微微发挥失常了。平时成绩和她不相上下的两名同学，这一回远远甩开了她，更令人吃惊的是，微微一向擅长的英语竟然只考了86分。

看着试卷，微微难过极了，对妈妈说："妈妈，我是不是最笨的孩子呀？怎么什么都做不好呢？"

妈妈耐心地说："学习是个漫长的过程，一次考不好，天不会塌下来。孩子，爸爸妈妈和你一起面对挫折好吗？"

微微终于平静下来，重重地点着头，露出了久违的笑容。将近一个小时的谈话，让她迅速振作起来，重新找回了自信，准备迎接新的挑战。

在案例二中，面对失败的微微，妈妈及时给予安慰，并且表示愿意和她一起面对失败。孩子接收到父母陪伴的信号，心情很快平静了下来。在爸爸妈妈的帮助下，微微最后恢复了信心。

让孩子重新站起来

不管父母读过多少育儿读物，付出多少精神鼓励，讨好多少老师，孩子终究会遇到挫折。挫折是生活中微小而重要的一环，就算成功人士也不例外，比如爱因斯坦的错误猜想多于正确猜想，泰格·伍兹输掉的比赛多于获胜的比赛。这些名人都善于从失败中吸取教训，他们将失败当作努力奋斗的动力。对孩子来说也是这样，父母不能保证孩子免受挫折，但通过了解以下的观点，父母可以教导孩子如何有效地化挫折为动力。

杨杨从小学习能力很强，爱好也比较广泛，上幼儿园的时候经常参加各种表演活动和比赛，表现非常出色，深受老师和长辈们的喜爱。然而前不久，杨杨第一次尝到了失败的滋味，他在学校的象棋比赛中没有获得任何名次。

虽然也领到了一份奖品，杨杨却一直闷闷不乐。父母以为过一段时间，他就会接受事实，并努力在下次比赛中重新站起来。可是从此之后，杨杨变了，不再像以前那样乐于表现自己，尤其不肯再去参加比赛，令父母开始担心他会丧失上进心。

　　注意观察周围的实际情况，大家会发现一些爱退缩、不敢表现自我的孩子，上进心反而比较强，他们希望自己做得更好，比别人更强，以获得周围人的认可。而杨杨由于自信心不足，没有面对失败的勇气，所以表现出逃避比赛、害怕竞争的行为。

　　一般来说，造成孩子不认"输"的脆弱心理，其根源很大程度上与家庭教育的方式有关。

　　现代家庭中多为独生子女，在父母的过度保护下，他们养成了凡事以自我为中心的毛病。在生活当中，父母没有培养孩子的竞争意识，时常"照顾"孩子，增强了孩子追求胜利、赢取赞扬的心理。结果稍稍遇到一点挫折，孩子便把问题想得过于严重，给自己增加巨大的思想压力，导致"输不起"。

　　那么，如何才能帮助受挫后一蹶不振的孩子重新站起来呢？

　　1.父母要培养自身的"承压"能力

　　父母要端正心态，不要对孩子的期望过高，要根据孩子的性格特点和能力来确定教育目标，用发展的眼光去看待孩子。只有这样才不会给他们增加心理压力，孩子才能以平常心去对待竞争，承受挫折。

　　2.表扬孩子、鼓励孩子

　　因为努力而得到表扬的孩子会积极面对挑战，因为自身天赋获得赞美的孩子却不敢面对挑战，会更轻易地去放弃。父母应该多夸奖孩子付出的努力，而不是他的天赋。例如当他成功进入足球队，父母应该说"干得好！你在场下拼命训练，现在得到回报了"，而不是说"我为你骄傲，你是一个有天赋的足球员"。

许多父母生怕孩子吃苦遭罪，当起了"保护伞"，这种过度保护对孩子非常不利，会剥夺他自立、自强的机会。平时对孩子百依百顺、凡事代劳，也会导致孩子克服困难的能力渐渐萎缩。

作为父母，应该最大限度地改变观念，掌握爱孩子的正确方法。比如相信孩子，鼓励他多去尝试，让他变成强者。父母也必须鼓励孩子去做力所能及的事，让孩子得到充分锻炼。

3.增强孩子的自信心

在某一领域里充分自信，可以帮助孩子更好地面对来自其他方面的挫败。在生活中，父母可以利用孩子的优势去激励孩子，最大限度地发挥他的长处和优势，为其提供表现自己、体现自身价值的机会。孩子在其他方面取得成功，看到希望，就能帮助他找回丢失的信心。

4.掌握调解心理的知识

父母要多学习一些缓解心理压力的常识与小窍门，便于教会孩子学会自我调整。

比如当孩子出现紧张情绪时，可以提醒他深呼吸几次，忘掉这是在比赛，把比赛当成日常生活中的一项活动，用放松的心态去对待。同时，合理宣泄一下压力也能有效防止"输不起"的心理。

如果孩子认为天赋能力决定结果，他们一般会轻易放弃努力；如果认为努力付出决定结果，他们就会坚持到底。假如父母说考试成绩能反映出智力水平，那么孩子在考试成绩不理想时就会心灰意冷，认为自己是不够聪明才没考好。

但是，如果说成绩只反映是否努力学习，孩子便会认为考试成绩不好是因为学习不够用功，继而努力学习。向孩子强调努力是获得成功的关键因素，这样孩子在遇到挫折时便会迎难而上，将其视为一项挑战。

5.父母要让孩子清楚失败的定义

父母平时可以给孩子多讲些伟人遭遇尴尬、困境、失败时处理问题的趣事，着重强调他们的幽默感和豁达大度，让孩子明白真正的失败是甘心承受失败，失去了再尝试的勇气。

同时，也要让孩子懂得失败并不代表没有能力，仅仅是准备工作不足的表现。如果孩子每周花五天、每天花两小时学习数学，可是成绩仍然不理想，那么就要重新评估这种学习方法是否正确。

切记学习成绩不能反映智力或数学能力水平，它只是一个解决问题的契机：孩子该怎么做才能考好数学？是学习时间不够多、没掌握好学习内容？是没有复习好？还是仅仅因为课程太难，孩子每天需要花三小时而不仅是两小时？

凡事都有解决办法，可以借一次不理想的考试结果来激励孩子改掉不良的学习习惯，或是找到新的学习方法。简单来说，就是让孩子学习更加努力、更有效果。

多陪孩子观看各项比赛，引导他学会欣赏运动员失败时所具备的魅力和风采，并告诉孩子失败不丢人，失败后重整旗鼓、重拾自信会让人更加敬佩。

6.父母要尊重孩子，不要揭短

有些孩子往往比较内向，感情脆弱。父母应该学会保护孩子的自尊心，不要用贬损的言语。如果必须要批评孩子，也要在肯定某一方面的前提下，用建议或期望的语气指出他的不足。

7.父母要为孩子树立榜样，教导孩子人生需要做出选择

爱模仿是孩子的天性，父母适当地利用"榜样的力量"去教育孩子是一个行之有效的方法。多给孩子讲一些英雄、名人的成长故事，孩子会模仿他们去战胜困难。

一味地关心成功或失败，会让孩子抱有不切实际的幻想，让所有活动变得索然无味。

比如孩子是优秀毕业生、橄榄球队队长、举重队队长、拉丁舞冠军、戏剧主角，他突然间变得沮丧万分，只因为没当上学校管弦乐团的首席小提琴手。此时父母就应该向孩子说明，没有人能赢得所有东西，这是一段宝贵的经验，而不是一段关乎胜败的惨痛回忆。帮助孩子安排好日程表，想好什么是最重要的，制定符合实际的目标，才能帮助他如愿以偿。

毋庸置疑，在某一段过程中，孩子必然会经历挣扎和失败。如何将不利因素转化为有利因素？父母可以借此教导孩子，应该将挫折当成转机，强调挫折不过是解决问题时必须克

服的困难，更要多多鼓励孩子，告诉他们只要勤奋和坚持，没有攻克不了的困难。若能引导孩子把挫折视为过程而非结果，父母便教会了他们通往成功最重要的一课。

培养孩子好的品质

每个孩子都是父母的掌上明珠，可谓温室里的花朵。在这样的成长环境下，孩子的抗挫折能力有限成为一种正常现象，于是培养抗挫折能力便成为孩子成长过程中的重中之重。

培养孩子的抗挫折能力

"挫折教育"其实就是让孩子不仅能从外界给予中得到快乐，而且能从内心激发出一种自寻快乐的本能。那么，父母应该如何培养孩子的抗挫能力呢？

1.父母要树立"挫折教育"的意识。

许多父母都认为，孩子心理承受能力差，应该对孩子保护有加，这种观念直接影响了孩子。其实，一个人受点挫折，尤其是早期受一些挫折，对他以后的人生很有好处。父母应该正确看待挫折的教育价值，把它看成是磨炼意志、提高适应力的好方法。同时，父母要让孩子知道为什么要面对挫折、想办法度过挫折，而不是逃避挫折。

2.父母要有意识地给孩子设置一些挫折障碍。

对孩子来说，在成长的道路上难免会遇到苦难和阻碍，如果孩子平时走惯平坦路、听惯顺耳话、做惯顺心事，那么一旦遇到困难，就会变得很不习惯，甚至束手无策，情绪紧张，轻易地承认失败。因此，父母不妨在平时的学习和生活中，有意地给孩子设置一些障碍，或对孩子的要求说"不"。

3.父母要鼓励孩子克服困难和挫折。

有的孩子在逆境中容易产生消极反应，往往会垂头丧气，一蹶不振。若想改变这种现象，父母必须在困难来临时教育孩子要勇于面对，设法克服。

例如在登山时，看到孩子怕高、怕摔跤，父母就应该鼓励他"别怕，你行的！摔一跤算什么？"当孩子一次次战胜困难，体验到多次成功时，他们便会增添勇气，渴望战胜困难。成功的经历有助于建立自信，害怕的心理也会随之消失，自信心自然就会增强。能让孩子意识到"不管是爬过去还是熬过去，总会脱离困境"，他的抗挫折能力也就培养起来了。

4.坚持度过困境。

困境之中，不论是成年人还是孩子，一定会感受到压力。此时，就需要有足够的忍耐力来保证自己不至于崩溃或者中途放弃。忍耐力是通过一次次地承受压力锻炼出来的，就像练习长跑一样，存在一个循序渐进的过程。

5.孩子失败后，要温情地鼓励孩子。

生活中的不如意太多了，对孩子来说，家人的温情与支持是信心的来源。父母多么希望孩子一切顺利，但是挫折却像影子伴其一生，父母只好把它视为生活的一部分，以一颗平常心去对待。当孩子面对挫折的时候，父母更应用温情去温暖孩子，引导孩子，避免挫折对他造成伤害。

6.引导孩子多读一些伟人传记。

这类书读得多了，会觉得人生的过程就是不断战胜困难、战胜挫折。和伟人比起来，父母与孩子遇到的困难和挫折实在算不了什么。伟人无惧于大风大浪，而父母和孩子的遇挫经历犹如在公园里划船时遇到翻卷的水波。不经历风雨，怎能见彩虹？只有勇于面对挫折的孩子，才能取得成功。

怎么样才算是陪孩子度过困境

陪伴孩子面对困境，不是让自己成为孩子要面对的困境。如果常用贬低和羞辱式的批评来给孩子"制造困境"，亲子关系将会被破坏，同时孩子克服困境的心理能力也会被破坏。陪伴孩子面对困境，也不是完全把孩子保护在身后，替他面对困境。否则，孩子没有失败的经验，也没有成功的经验。

那么，到底怎样才是"陪伴孩子面对困境"呢？

陪伴孩子面对困境，是用父母的内心去陪伴孩子的内心。就像孩子生病了，父母会寻求治疗方案，会温暖、乐观、平静地陪伴孩子，一起去承受康复之前的那一段煎熬，而不是希望代替孩子去承受这份煎熬。

不知道如何管理自己的行为，也是孩子面临的困境之一。父母可以采取必要的行为管理手段实施帮助，但必须以温暖和接纳的态度，去对待孩子在被约束过程中产生的愤怒和挫败等不良情绪。

以上种种行为，都是为了锻炼孩子的抗挫折能力，但是此举并不需要刻意为之。生活中的自然困境非常丰富，不需要为了锻炼"抗挫折能力"而去刻意制造"挫折"，也不需要父母对孩子实施过度保护或直接干预。

如果刻意制造挫折或困境，很可能会让孩子搞不清父母是给自己带来伤害的人，还是给自己带来安全和力量的人。另外，孩子还需要有一次次面对困境的成功经验。此处说的"成功"至少包含两层意思，既是指成功承受痛苦的过程，也是指成功到达快乐的彼岸。

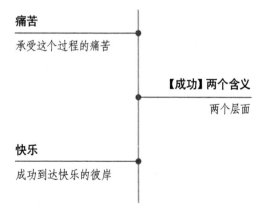

这是一个循序渐进的过程，父母陪伴孩子面对困境的时候，既要在成长过程中给予孩子更多锻炼的机会，又要随时保护孩子，避免他受到难以挽回的伤害。想要把握好这个"度"，一方面要学习更多的儿童教育知识，另一方面要在陪伴中了解孩子的独特性。

孩子多一分自信，就会坦然面对挫折

许多父母钻进五花八门的教育概念里迷失了方向，一边说着孩子输不起，一边用自私的爱摧残着幼小生命。若想让孩子变得优秀，最重要的是进行品格教育，品格教育不是盘子里的任何东西，而是盘子本身。

一个人如果品格不好的话，天资再高，知识再多，也没有人敢接近。身为父母应该知道，现代社会中，决定一个人能否成功的关键因素，不是学历与财富，而是性格与品德。

为人父母者自然希望孩子成功，但是父母也确知，没有品格的成功非常危险。父母要求孩子的成绩一定要名列前茅，将来一定要上名牌大学，似乎只有如此，教育才算成功，孩子才算成才。实践证明，这是对家庭教育的极大误解，是升学教育在家庭教育中产生的不良后果。

试想，如果一个孩子缺少对生命的认知，一遇到挫折就产生轻生的念头，即使这个孩子门门功课考第一，又能怎么样？孩子的品格培养不是一次短跑，更不是刘翔的百米跨栏，而是相当持久的人生接力赛。只有做好品格教育，才能找到正确的

发展方向，才能积蓄竞争力，让孩子在人生道路上跨越各种难关。

人生哪能时时如意，事事如意？在遇到困难的时候，如果具有自信坚强的品格，自卑就不会产生。自卑的存在和产生，并不是由于自己真的不行，而是常用自己的短处去比较别人的长处，越比越不自信，直至失去进取的决心和勇气。

1989年，日本松下公司公开招聘管理人员，一位名叫福田的青年参加了应试。考试结果公布，福田名落孙山。得知这一消息，福田深感绝望，顿起轻生之念，幸亏抢救及时，得回了一条命。

此时公司派人送来通知，福田竟被录取了！原来，他的考试成绩名列第二，由于计算机出现故障，统计结果出了差错。但是，当松下公司得知福田因未被录用而自杀时，最终决定将其解聘。理由是，连一次小小的打击都经受不起，今后怎么能在艰苦的奋斗之路上建功立业呢？由此可见，心理素质对一个人来说是何等重要。

很多研究证实，有自信心的孩子认为自己能够战胜困难，所以更能坚持不懈。父母应该帮助孩子树立自信心，为他们获得成功而喝彩，并清楚地告诉孩子自己是如何为他自豪，清晰明了的表扬比一句"干得好"更有意义。遇到挫折时，父母更应该强调那是通往成功大道的一片荆棘，最后还要记得鼓励孩子，相信他终有一天会取得成功。

人生之路充满坎坷，一个人不可能永远一帆风顺，中途遇到挫折并不可怕，重要的是如何面对它。不愿面对失败的人，永远都是失败的；敢于面对失败的人，即使失败了，也仍然会保持积极正面的形象，因为他懂得如何对待挫折。

不敢面对挫折的人，向来不是一个自信的人。一个自信的人不会那么介意自己的失败，他会对自己充满信心，并知道自己终将获得胜利。让自己多一份自信吧，自信的人才会坦然面对挫折。

第4章

良好的倾听，
从父母开始

苏格拉底说："自然赋予父母两只耳朵，一张嘴，就是为了要父母多听少说。"

倾听是沟通的前提，也是所有问题解决的开端。作为孩子最亲近的人，父母应该多倾听孩子的想法和心声，才能有针对性地帮助孩子解决难题。

倾听孩子，做善解人意的父母

倾诉是人类的本能，倾听则需要准备好理解和接纳的心态。父母和孩子之间沟通不畅，很大程度上来自于倾听的缺失，这反映出父母在教育观念上的误区。

教育孩子，帮助孩子，沟通是关键，倾听是大前提。要想孩子健康成长，必须倾听孩子的想法。

孩子希望得到父母的倾听

当孩子来到每一个家庭，对生活满怀热情，对周遭世界的一切事物都充满了好奇和兴趣。他们需要的不是安慰、训斥和反对，需要的是倾听。

　　每个人都有情绪化的一面，父母可以换位思考，自己在情绪化的时候，最想要的是什么？倾听。是的，孩子也期待父母的爱、关心和倾听。

　　有的孩子说："当我被倾听的时候，感觉受到了尊重，有人正在尝试着理解我内心的感受，让我有了存在感。当我不被倾听的时候，感觉很烦躁，也很困惑别人为什么不听我讲话。我开始揣摩他们为什么不听，心里越揣摩越难受，感觉自己好像空气一样，没有被别人看见。"

　　孩子期望父母倾听他们的话语，倾听他们的心声，这样才感觉到自己是存在的，是有价值的。他们渴望被理解，渴望受到尊重，这样才感觉到自己被接纳，被深深地、无条件地爱着。

　　孩子希望有人陪伴自己，在这个过程中，父母能感受他成长的节奏和脚步，找准他的脚印"踩"在哪儿，准确地去引导孩子。

　　听孩子倾诉，就是帮助他把内心真正的诉求——可能压抑得很深，自己意识不到——呈现并整理出来，进而让他更清晰、更正确地认识自我。可以说，倾听是一种智慧。

　　每个人在情绪化的时候，常常是情感最脆弱的时候，任何言语都有可能让他想多或想偏。多说无益，不如侧耳倾听，任由孩子发泄内心的各种情感，父母也可以从中感受孩子的想法，接触他的内心世界。

　　但是，绝大多数的父母都不会倾听。不妨关注一下任何两个成年人的说话状态，很多时候他们都在表达自己的想法，或者在用隐秘的方式表达"我做得好"。

很多父母说，自己不了解孩子，苦于没有良策走进孩子的心里。其实，孩子情绪化时就是一个不错的契机，他的每一句话，每一个动作和表情，都是内心情感的真实表达。父母只要用心倾听，就能从中了解到孩子真正想要的是什么。

"你们不是关心我，你们关心的是你们的面子！"——孩子说出这样的话，表明非常渴望父母的认同，渴望父母赞扬自己。

"我做……根本就是为了你们。"——孩子说出这样的话，表明有了自己的目标，而这个目标与父母所期待的大相径庭，孩子是在孝顺和自我发展中纠结。

"一天到晚管着我，我又不是你们的私有财产！"——孩子说出这样的话，表明他可能希望父母不要只是为了自己而活着，他希望父母能够有自己的空间，同时也给他留出空间。

"我这辈子最倒霉的就是成为你们的孩子！"——孩子说出这样的话，表明自己对父母心怀歉疚，偏偏又不能满足父母的期待，他在内心里希望能够挣脱出去。

心心于2010年顺利考上了大学，在上大学之前，她因为在学校中受到同学的非议，对校园生活产生抵触心理而不想再去上学。周围的老师和同学都认为心心"精神上有问题"，心心的妈妈也非常痛苦。

跟妈妈在一起闲谈的时候，心心滔滔不绝，两个多小时里一直在讲话，其间似乎只是在"借用"妈妈的耳朵。临走的时候，心心说："妈妈，你的眼神非常柔和，非常专注，很感谢你能理解我，我说完这些话觉得舒服和放松。"从此，心心每隔几天就会向妈妈倾诉一次。

感受到孩子的信任和渴求，任何一位母亲都不会怠慢。心心的妈妈知道，只有耐心倾听一个孩子诉说内心，才有可能真正去了解这个孩子，于是妈妈帮助孩子理清情感的脉络，又顺着脉络把孩子从困境中"牵"出来。之后，每一次听心心说话，妈妈都要求自己必须打起精神，让她感觉到妈妈的关注。

在向妈妈倾诉时，心心试图拼命澄清自己在别人心目中"精神有问题"的印象。她说："我躲在家里不上学，内心一直在煎熬中挣扎，老师们都以为我是个意志薄弱的学生。之所以倾诉，是我不想再受到伤害了。只要躲在家里，我就让自己的这一半和另一半说话。可是，空间越来越狭小，我也越来越害怕，害怕自己真的再也走不出去了……"

听了心心的诉说，可以知道这不是一个精神不正常的孩子，而是一个极度缺乏自我又不甘心沉沦的孩子。

在帮助心心重新建立自我意识的同时，妈妈鼓励她去尝试报考喜欢的数学专业，并且不管出现任何情绪变化，都要和妈妈说——说她的经历，说她的感受，说她的想法。

很多时候，心心都会说："妈妈，跟你说完之后，我就有了新的动力。"其实，妈妈没有给过什么更多的建议，只是在孩子诉说时会帮助她不断地整理和概括，理清她的思想脉络，令之清醒或顿悟罢了。

有一次，心心说："妈妈，我又和好朋友闹起来了。我去学校找她，看见她和别的同学有说有笑，她们围在一起吃饭，好半天没看见我，愣是把我晾在一边……"

妈妈耐心地问："平时同学没来得及和你搭话，你也是这么生气？"

心心说："不是的，也许是我太寂寞了，连我最好的朋友也会嫉妒。看到她和许多人在一起那么热闹，我马上联想到自己没有很多朋友可以这么玩，心里突然感到失落，甚至想莫名其妙地冲她发脾气……我知道自己有些无理取闹，这和好朋友根本没有任何关系，不应该这样想。如果我有很多朋友，应该就不会这么嫉妒她了吧。"

妈妈随即劝说："是呀，冷静的时候，你冰雪聪明；任性的时候，你拼命钻牛角尖儿，使劲折磨自己，又折磨你的好朋友，你应该向她道个歉。"

后来，好朋友给心心发来信息，邀请她一起去看电影，两个人又和好如初了。

由此可见，当孩子寂寞的时候，最希望有人能够倾听自己，父母便是孩子最渴望的倾诉对象。

倾听孩子，也是完善自己

如果一个人指责另一个人、评判另一个人，潜台词就是

"我比他好"。大多数人的沟通方式，充满了比较、指责并表现自己，因为几乎所有的人都觉得自己不够好，想要被他人看见并认可。

父母经常会被孩子的一句话或一次行为而激怒，真正的原因是：觉得自己不够好，所以不允许孩子犯错。也许有问题的不是孩子，而是父母的内心埋藏着愤怒的种子。

孩子怀着爱，帮助父母去看到自身的问题；孩子怀着爱，牺牲自己让父母有释放愤怒的途径，如果孩子的行为出现了偏差，那是他在不断地诉说："爸爸、妈妈，你现在的情绪出了问题，请你好好看看自己。"

父母倾听孩子的能力需要训练和练习，当开始真正能够倾听时，就会发现孩子很有礼貌，越来越懂事；会尊重别人，越来越自信；充满了创造力，学习越来越专注。

假如父母自己能够倾听孩子，以正面积极的方式和孩子说话，孩子也会向大人学习。假如父母的一言一行带有暴力，他们的孩子将同样学会暴力。

当大人被孩子激怒，就失去了可以帮助孩子、教导孩子的对象。此时，父母必须克制自己不要说任何话，不要做任何事，找到一个单独的空间去释放自己的愤怒，而不是迁怒于孩子。

即使父母觉得再不习惯，也要学着关怀孩子，倾听孩子。很多成年人都不曾向别人倾诉过，因此在成为父母以后会觉得"倾听别人"让自己很不适应。此时要明白一点，孩子的反应就是父母的向导，每一次耐心倾听他们的哭诉，每一次充满笑声的"专门时间"都在说明：大人与孩子之间的爱和信任正在逐步建立。

认真倾听孩子的解释

一直以来，人们认为自己生气、愤怒、悲伤、难过等无关紧要，重要的是各种权威主张的正确思想和社会的主流价值观。很小的时候，人们就开始学习服从权威而非倾听自己，这些权威包括自己的父母、学校的老师。

渐渐地，人们习惯于考虑："父母、老师、他人期待我怎么做？"、"我要怎么说、怎么做别人才会认可我？"、"我要怎样去满足别人的需要？"

父母很想让孩子摆脱不良情绪，但不管态度多么好，孩子却越来越伤心，越来越难过，因为他觉得自己从来没有获得理解。孩子真正需要的是被倾听、被理解，他需要被听到，需要被看到，对于一个孩子而言，这才是真正的爱与尊重。

如果父母倾听孩子的叙述，孩子就能比较容易传达出自己所面临的困难。有时候，父母甚至什么都不用说，只需要"哦……""嗯……""是这样啊……"来回应几句，孩子的情绪也会明显好转。

如果父母说出孩子的感受和希望，比如"哦，他让你很生气；老师这样说，你觉得很委屈。"孩子会感到安慰，感到有人能理解自己内心的想法。给孩子直接提出建议，表面看似帮助他们解决了问题，其实是剥夺了他们自己面对问题、解决问题的过程。

　　倾听以及说出孩子的感受和希望，对成人来说是一件很难的事情，需要各位父母不断去练习，孩子更容易和一个愿意接纳自己的成人去沟通。对于父母来说，倾听不仅能打开孩子内心的心墙，也是设法帮助孩子的一个起点。

聆听，缩小亲子间的距离

倾听可以帮助父母从孩子口中得到很多信息，认真倾听还能体现出父母对孩子的尊重。聆听是一种素质、能力、思维习惯的体现，帮助父母缩小和孩子的距离，让孩子对父母更信任。

父母学习聆听孩子，经过耳濡目染，孩子慢慢也知道在别人发言时要安静聆听，这对他今后的人际交往起着非常重要的作用。

聆听孩子的五种阶段

在"给予者倾听模式"中最常见的是父母倾听孩子说话。小时候，尤其是小学以前，孩子在父母面前总是兴高采烈、滔滔不绝地说着发生在身边的事情。

孩子2至3岁时，以"是什么"为主，所表达的内容多为"这是什么东西？"；孩子4至5岁时，则以"为什么"为主，

"为什么要先下后上？""为什么上车要买票？""为什么古代有嫦娥，现在没有了？"总之，孩子的小脑袋里装着数不清的问题。

对此，父母表现出各种倾听方式。

第一，拒绝倾听。有的家庭里，不允许孩子"童言无忌"，直接让孩子闭嘴，"就你的话多，赶快吃饭吧！"孩子一说话就会遭到父母的斥责，根本没有孩子的发言权。

第二，不愿倾听。不管孩子说什么，大人都不予理睬，认为孩子什么也不懂，只是没有脑子的胡思乱想、胡言乱语，说过就忘了。在这种家庭，孩子只能自言自语或对着墙头说话，跟大人没有互动，也没有交流。

第三，假装倾听。父母装着听的样子，实际上仍在忙碌，想着自己、同事或单位的一些事情。"明天他来找我，我该说什么呢？""这个学生会不会把我的话当成耳旁风？"偶尔答应一声"是、行、可以""不错、这就行"，以此应付孩子。

孩子们都很聪明，如果父母不够真诚，并没有认真倾听，他们会立刻察觉。一旦发觉大人的漫不经心和敷衍塞责，孩子大都会毫不掩饰自己的扫兴，并觉得自尊受到侮慢而拒绝与大人保持亲近。

第四，选择倾听。父母只关心自己认为重要的事情，如果孩子谈到老师教了什么，在学校里学了什么，自己又提高了几个名次时，父母会侧着耳朵、目不转睛地听，试图获取最多的信息。但当孩子谈一些"鸡毛蒜皮""没有意义"的小事，父母就会搪塞一下。

第五，认真倾听。父母把倾听孩子说话当成一件有意义的事情，当成是对孩子的尊重，尽量去理解每一句话的含义。在这些家庭里，亲子关系非常好，孩子生活得非常快乐。

正确聆听孩子的心声

当父母聆听孩子的心声，有几点要注意的内容：

首先，父母在倾听孩子说话时应当认真而投入。倾听需要的是真实的投入，不是简单的建议、批评和指导。当孩子抱怨不喜欢上语文课时，父母就开始长篇大论地讲述语文课的好处和重要性；当孩子说"我不喜欢××同学"时，父母立刻说应该怎么和同学相处。

教育专家建议各位父母，如果太匆忙或心不在焉，就不要尝试去倾听。父母需要一定的时间来确定孩子的某句话里是不是掩藏着伤心和失落，某个尖酸刻薄的评论是不是隐藏了别人的伤痛，某句随意的评价是不是包含了很多为克服困难而努力争取的成就感。

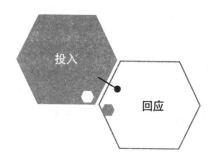

　　为了让孩子学会适时表达情感，父母应该适当地做出评价。如果父母发起的一个话题，打断了孩子的表达过程，那么他很快就会拒绝和父母深入交谈。

　　在和孩子讲话的时候，父母不要思考自己应该说什么，而是尽可能地倾听孩子的想法，尽可能设身处地地站在孩子的角度去理解事情，不能对孩子的感受做出盲目的判断，要鼓励孩子多多表达。

　　在孩子表达心声的时候，父母最好的做法是既不反对也不赞同，保持中立的态度。把个人的成见和意愿暂且放在一边，去体会孩子的想法与感受，这样才能让孩子产生正向的回应，变得坦诚和开放。

　　只有恰当的倾听才有意义，因此倾听需要恰当的时机。当孩子寻求信息但并未表露情感的时候，父母只需要指导他们；当孩子不愿意谈论内心的想法和隐私时，父母应该尊重他们的意愿，不去打扰。

　　如果倾听到一定程度，孩子不愿意再讲下去，那就到此为止。如果自己太忙，或者约好了要做什么，没办法进行长时间的谈话，最好不要倾听。

　　父母在回应的时候，注意采用简明扼要的词汇来把握孩子的观点。概括性地把孩子的想法复述出来，目的是让孩子知道自己确实认真听了。回应时既没有批评指导，也没有说教误解，孩子就会加深对父母的信任。

　　孩子的语言是行为的导火索，父母要时刻注意他的情绪变化，观察他是觉得轻松还是紧张，是不是不舒服、畏缩、沉默、心神不宁或者心不在焉。

父母同样要注意自己的情绪，不要把工作情绪带给孩子，更不要拿孩子撒气。认真地倾听会拉近孩子与父母之间的距离，有助于经营并维护良好的亲子关系。

孩子的不良情绪需要父母的倾听来舒缓

孩子在沮丧时会发脾气，害怕时会出汗和发抖，伤心时会大哭，这些都属于消除紧张与困惑情绪的自然过程。恐惧和悲伤好比身上多余的负担，会影响孩子的注意力。如果能充分地裸露并甩掉它们，孩子就能恢复如常。允许孩子表露情绪，直到他平静下来，这对孩子很有益处。

孩子情绪流露时，父母的典型反应是"采取措施"助其恢复平静。之所以如此，是因为成年人在非常担心孩子的时候会变得没理性，不能不带偏见地去观察事物，只是父母的做法通常是南辕北辙。事实是，当有人给予起码的关心、肯定或尊重时，孩子的情绪流露会改善观察力和自信心。

孩子不会无缘无故地哭或发脾气，听到孩子在哭，父母应当停下手边的事情去倾听，不要打断他的哭声，允许他畅快地哭，或者轻轻地搂住孩子，看着孩子的眼睛，和蔼地让他说出自己的烦恼。

孩子哭出来了，他的情绪随之放松，在宣泄委屈和悲伤的过程中，他能敏锐地感受到你的反应。温柔的触摸、轻抚他的面颊、把他搂在怀里轻摇，此类举动都会把父母的关怀直接送入他的心田。

还有很重要的一点，父母要温柔地倾听，长时间地留在孩子身边，轻轻地抚摩他或搂住他，讲几句关心的话，例如，"再告诉我一些""我爱你""发生这样的事我很难过"等等，切记不要多说。

之后孩子会对父母说出自己最糟糕的感觉，委屈会渐渐消失。倾听过孩子的哭泣之后，父母会发现他的领悟力、创造力明显增长。

孩子闹情绪时，父母如果说得太多，就会把自己凌驾于孩子之上，不能保持倾听的状态。假如父母倾听孩子的想法，而不是企图去"纠正"他，那么孩子会感受到深切的关心。

把自己的情绪通过发火或哭喊发泄出来后，孩子会重新注意父母及周围的情况。通常状况下，他会觉得精神焕发，轻松许多。浅笑或哈欠过后，紧接着一阵暴风骤雨似的哭泣，常常预示着孩子正在重新调整自己的意识。

当孩子感到紧张或孤独时，他可能"制造"一个状况，令父母不得不对自己的行为进行限制。一旦父母定出合理的限制，孩子就会乘机哭闹发脾气，从而消除内心的紧张或孤独。

假如此时父母能给予安慰并耐心倾听，他就能摆脱糟糕的心境，变得情绪放松，明白事理，接受父母制定的限制。不过，如果孩子身上已积累了大量的不安、愤怒或不信任感，那么就得经过若干场哭闹，才能消除掉足够多的情绪积累，从而意识到父母是爱自己的。

许多父母发现，倾听孩子哭泣或发脾气，而不是要求他"恢复正常"的做法，要比试图控制并转移他的注意力或强迫他安静下来更容易，也更有益处。孩子哭泣和发脾气的时候，会感到自己的世界已经崩溃，此时若接收到父母传递的爱，能达到最佳效果。

当父母留在孩子身边，不提任何要求，他迟早会修整好自己的世界，父母的关怀也会成为这个世界中充满活力的一部分。如果在情绪最糟糕时，父母仍然表示关切，他会深刻体会到父母对自己的爱。

定期给孩子"专门时间"，意味着大人开始尊重孩子的判断力，开始倾听他的感受。

当孩子遇到不能理解的事情或受到冷落时，容易感到恐惧。当孩子受到惊吓时，父母要动作轻柔地拥抱他，表现出确信一切都好的样子，心平气和地允许他挣扎、哭泣和发抖，温和地鼓励他，说爸爸妈妈就在身边，随时准备帮他战胜曾经吓倒过他的某件事物，这会让孩子知道自己是安全的。

愤怒的孩子看起来气势汹汹，内心却惊恐或悲伤，非常需要帮助。此时，父母要尽可能地保持心平气和，让他有机会把内心的怒气发出来，听他说些什么，看看是否有道理，再看看自己能做些什么，千万不要无端地说教、斥责或批评。

孩子在宣泄时，父母应该时刻关注，给他以温暖与亲情，允许他大发雷霆。孩子得到倾听并讨得了"公道"，情绪会随之归于平静，重新感受到父母的爱。

认真倾听孩子的话，不仅是在教育孩子平等做人、平等对待别人、平等对待自己，也是走进孩子心灵的正确途径。

作为孩子的父母，只有真正换位思考，才会认真听取孩子的诉说，才能产生互动交流。否则没等孩子说两句话，父母就会表现得不耐烦，伤害孩子的自尊心。

作为称职的父母，应该学会倾听，乐于倾听，才能真正学会从孩子的倾诉中真切地感受和把握喜怒哀乐，真正了解孩子在想些什么，要求什么，希望什么；才能真正领会孩子的思想意图，分享孩子的快乐，真诚地为孩子的进步而高兴，为孩子的成功而喝彩；才能用体贴去化解孩子的烦恼，营造出充满温馨爱意的家庭环境。

因此，父母千万不能忽视倾听的作用。唯有如此，父母在做孩子的思想工作时，才能做到心中有数，有的放矢，才能不断提高家庭教育的质量和水平。

孩子在排除恐惧时，需要父母当可靠的支持。父母守在身旁并给予耐心地倾听，孩子能从恐惧转为轻松，并会更亲近父母。在正视并处理了不良情绪以后，外部世界于孩子眼里仿佛变了个样，父母会看到他有了新的变化和新的领悟，学会观察、倾听和接触其他事物，比以前变得更勇敢、更坚强。

·

培养孩子良好的倾听习惯

　　若想孩子学会换位思考，更加尊重父母和师长，需要养成良好的倾听习惯。

　　父母在培养孩子这方面的良好习惯时，不仅要注意孩子是否能够认真倾听他人的发言，也要注意孩子有没有爱打断别人说话的坏习惯。当孩子改掉了坏习惯，父母一定要多加鼓励。

孩子所需的倾听习惯

　　良好的倾听习惯对孩子的语言智能发展很有益处。经过多次观察发现，那些倾听能力好的孩子，往往是因为养成了良好的倾听习惯，父母可从以下几个方面进行培养：

　　1.有趣倾听的习惯

　　有趣倾听表现为对别人的语音或谈话的内容感兴趣，对和别人交谈感兴趣，并且在双方交谈时对对方的讲话感兴趣，对爸爸、妈妈和老师讲的事情感兴趣，对儿童电视节目感兴趣，

对外语或其他方言感兴趣。当孩子能够全神贯注地倾听一段谈话、一个故事和一个电视节目中的对话时，就养成了有趣倾听的习惯。

2.耐心倾听的习惯

倾听别人的谈话需要耐心，需要克服其他因素的干扰，尤其要求孩子能够做到自我控制。然而，幼小的孩子一般不喜欢成人之间的谈话，因此父母不要苛求孩子安安静静地倾听成人们的谈话内容。

要想养成孩子耐心倾听的习惯，父母应该逐步加以引导。比如，要求孩子复述一个爸爸、妈妈讲过的故事，这样他就必须耐心倾听。对于年龄稍大的孩子，父母应该要求他们做到不打断别人的讲话，这也是做到耐心倾听的一个关键行为。

3.有效倾听的习惯

听的时候，年幼的孩子往往会注意那些自己比较感兴趣的内容，另一些不感兴趣的内容即使非常重要，他们也不能记住，这就提醒父母需要有意识地去培养有效倾听的习惯。

若想有效倾听，需要掌握有效的倾听方法，即在听的过程中，随时对交谈的内容进行思考、理解、比较和辨别。只有做到有效倾听，孩子才能领会语言背后的含义，才能听出弦外之音，才能记住别人谈话的重要内容。

4.积极倾听的习惯

这是在态度方面的要求，即使是自己不感兴趣的内容也要求能够全神贯注地倾听。对于年龄较大的孩子，可以培养他们积极倾听的习惯，要求他们在倾听的时候积极思考，随时带着一定的目的和任务去倾听，随时准备发现对方谈话中的错误之处，随时采取策略记住谈话中的关键内容。

"插话"并非好习惯

现在有很多孩子喜欢插话并打断别人的陈述。只要父母留心观察，就会发现很多孩子在大人们谈话时，经常随意插话，这不是好习惯。

它首先表现出对别人的不尊重，其次也影响了自己接收信息。父母若是被孩子打断了思路，有时候很难再找回来。爱插话的目的是什么？往往是为了表现自己或引起他人的注意。孩子们一般不去注意听大人讲的事，而是想方设法地表现自己。

针对性子急、不知道尊重人这一特点，大人应该让孩子从学会倾听别人的谈话开始训练。父母要告诉孩子：在谈话时，别人想要表达什么观点，都要听明白，认真地去听，一切疑惑都要等别人陈述完毕再进行提问。

有些父母错误地认为孩子爱插话显得机灵又聪明，因而持有欣赏和鼓励的态度，此举无疑助长了孩子爱出风头的做法。这种情况愈演愈烈，最终连爸爸妈妈也开始讨厌孩子如此频繁地插嘴，因为它严重影响了大人们的谈话。

龙龙是一个心直口快的学生，在班会上与别人谈话时，总是抢先发言。当别人说话，他常常中途打断，迫不及待地说出自己的想法。而且，他不是举手打断，是直接坐在自己的位置上大声发表言论。

他对自己常常打断别人的讲话这一行为没有丝毫愧意，反而觉得自己的意见能给发言的同学带来启发，自己的观点都是正确的，一定要说出来。不管别的同学是否在陈述个人的观点，都要为他"让路"。

刚开始，多数同学不愿意去直接批评龙龙的行为，也没有过多介意。可是时间一长，同学们就有看法了，甚至不愿意与他过多来往。龙龙非常纳闷，为什么大家会这样对待自己呢？

其实，龙龙勇于表达自己的观点，这一点没有错，问题在于他总是随意打断别人的讲话，不愿意做个耐心的听众，这是不尊重别人的行为，一个不知道尊重他人的孩子是不可能有朋友的。

怎样培养孩子的习惯

要想纠正并帮助孩子彻底改掉乱插话的坏习惯，爸爸妈妈们可以采用下面的方法：

1.父母怎样做，孩子就怎样做

很多父母都是急性子，在孩子陈述事情时会中途打断。父母没有做到耐心倾听这一点，不是一个称职的倾听者，孩子也会效仿，以为插话是很正常的事情。父母能做到耐心倾听，孩子就会跟着做。

2.学会倾听是有礼貌、有教养的表现

学会倾听别人讲话，不随意打断别人讲话，是一种有教养、有风度的表现。只顾自己滔滔不绝，无视他人的存在，是一种不礼貌的行为。

要让孩子学会尊重他人，就要让他在听别人讲话时，尽量保持安静。别人陈述完毕后，再表达自己的看法。

3.孩子第一次学会倾听，父母就要表扬与赞赏

当孩子学会倾听时，父母一个小小的夸奖，就会鼓励他继续保持这个好习惯。请父母不要吝啬表扬，长此以往，孩子就会养成不插话、尊重别人的好习惯。

第5章

管教而非控制，
每一个孩子都是好孩子

　　教育的本质是父母的修行，但现在许
多父母搞不清管教的目的，认为管教孩子就
是控制孩子的行为。这种想法是错误的，而
且孩子不会因为行为遭到控制而做出相应的
改善。

　　管教孩子不应该成为父母的负担，更不
应该成为孩子的折磨。作为父母，强迫孩子
去做什么，往往会适得其反，不如安静下来
与其仔细交谈，倾听他的内心，理解他的行
为，帮助他赶快走出困境。

父母需要控制的不是孩子，而是自己那颗放不下的心

有些父母喜欢事无巨细地控制孩子，这样做不仅会让孩子慢慢失去自主选择的能力，和为自己做决定的能力，也让父母对孩子永远不能放心。

很多父母往往在儿时就被自己的父母管控，因此认为自己的孩子也理应受到自己的管控，这是一个很大的认知误区。

孩子在成长过程中会遇到许多困难，父母想事事包办的本意是从孩子的角度出发，怕他受到伤害，其实应该放手让孩子去尝试，给他自由的成长空间，让他在碰壁和成功中走向成长。

父母的控制会影响孩子一生

人们通常认为小时候习惯被父母控制的孩子，长大以后会自行改变，其实却很难。

思思已经结婚生子，但每次从超市回来，母亲必定会问："买了什么，花了多少钱？"如果她不回答，母亲便翻购物袋查小票价格，查完之后会说："这个那么贵，为什么要买啊？那个没什么用，真是浪费钱！这件衣服太丑了，退掉。"

然后思思也会开始怀疑自己的判断和审美，重新评估自己的人生，并最终得出结论："我就是个一无是处的人。"

在母亲的控制与洗脑之下，思思认为自己非常无能。

在父母控制之下长大的孩子，即便成家立业，有了自己的小孩，仍然软弱无力。就像从未长大，没有信心能够过好生活，养育好小孩，照顾孩子的任务自然而然地又被长辈揽到身上。

孩子上幼儿园以后，思思想要离开母亲，可是每当她提出这种想法，妈妈便会说："你现在翅膀硬了，用不着我了，走了再也别回来！我老了，没用啦！"如果继续留下，思思妈妈又会说："自从给你带孩子，我多么辛苦！这么大年纪了，还享不到一天福。"怎么做都是错，思思觉得非常痛苦。

如果说思思是在母亲的控制之下长大，那么思思的妹妹就更加可怜了。

母亲四十岁才生下妹妹，妹妹从小便集万千宠爱于一身。如今妹妹已经25岁了，每天只做三件事：吃饭、睡觉和网聊，每天说得最多的一句话是："妈，我吃什么？"

她完全不工作，也不想工作，除了去和网友见面几乎不出门。妹妹就像一只被豢养在家的小猫，丧失了生存的基本技能。思思甚至无法想象，等父母老了动不了，甚至离去的那一天，妹妹的人生会变成什么样。

由上述故事可以看出，家长的控制欲会给孩子的一生造成多大的影响，不仅会让孩子变得自卑、优柔寡断，还会让孩子在成长过程中渐渐失去应对生活的能力。同样的道理，家长的过度控制也会导致孩子的自闭。

有位心理老师说过"过度控制自己的孩子，等于是在夺取他的生命"。被父母过度控制的孩子就像温水里煮着的青蛙，渐渐丧失了生命机能，被这样的生活一点点消磨殆尽，最后慢慢死去。

不难看出，控制是最失败的教育。

控制欲的源头是缺乏安全感

控制欲强的父母，大多来自没有安全感的原生家庭。这些父母年幼时或缺衣少食，或经历骨肉分离，日子过得很不顺心。长大后，父母使用自己的方式努力掌控孩子，让他的世界不再崩塌。父母想把自己没有得到的全部都给孩子，对孩子的控制也是因为自己没有安全感，所以宁愿孩子天天在家打游戏，无所事事地度过一生，也希望孩子留在身边，不愿意让他去外面的世界经历风雨。

缺乏安全感　　控制

但是，父母毕竟不能代替孩子活一生，孩子也有自己的生命和独立的意志，他们需要为自己的人生负责。前人用无数经验告诉父母：自由不仅仅是信仰，更是人性的需要。如果一个孩子，连基本的自由和尊重都没有，他的一生只能以悲剧收场。

其实，父母最需要控制的不是孩子，而是自己那颗放不下来的心。

控制欲太强的父母做得最多，活得最累，而且吃力不讨好。他们总是挥舞着"爱"的大刀，毫不留情地砍杀着孩子的自主性、创造性，甚至孩子的自尊和人格。

控制是最坏的教育，父母是孩子一切问题的根源，爱与自由是唯一的答案。教育的本质是父母的自我修行，育儿先育己，就像父母当初渴望爱和自由一样，孩子也不甘心受到父母的控制。

孩子因父母而来，却并不属于父母，孩子只属于自己。他们渴望得到父母的爱，却不愿父母把想法强加于自己，因为他的灵魂是独立的，人格应当受到尊重。父母之于子女最好的爱，是放手而不是放任，孩子最需要的是来自父母的引导、支持和帮助，而不是控制和束缚。

分裂与投射，留在记忆深处的印记

每个孩子从一出生就不得不面对各种各样的困难：从母体出来时的寒冷，迅速且反复出现的饥饿，身体柔弱带来的各种不自由，没有语言能力带来的误解与无奈等，还有可能遇上疾病、同胞竞争、养育者功能不良等考验。

每个孩子的成长，其实都是一场不断面对痛苦、感受痛苦、最终克服痛苦的冒险。这个过程不仅是身体的成长，更是心理的成长。但是，孩子的成长过程并不是那么容易完成的，总要遇到磨难。面对痛苦，人类会本能地选择逃避，小婴儿通常在生命之初就具备了处理痛苦体验的方式：分裂和投射。

所谓分裂，是将舒服的体验与不舒服的体验在内心做一个划分：舒服的是好的，不舒服的是坏的。分裂之后，把坏的体验投射给自己之外的某个客体（通常是养育者），即把舒服的体验感觉归为来自好妈妈的照顾，对应的自己是美好的；不舒服的部分感觉归为这是坏妈妈造成的，对应的自己是不受欢迎的。

好和坏分开了，只要扔掉（投射）坏的，保留好的部分就可以缓解内心的痛苦体验。当然，实际情况不会像说得这么简单。比如当婴儿内心健康分裂的能力不足时，会把没有分裂干净的内容再分裂，一直分裂下去，内在空间可能会碎成碎片或粉末，难以整合成一个整体，而人格发展的目标恰恰是整合——好坏共存于一体。

随着慢慢长大，孩子所经历的痛苦体验会越来越多，如果养育者有足够的抱持能力，抱持他因挫败而产生的痛苦体验，孩子便能在养育者的帮助下，慢慢发展出耐受挫败体验的能力。

比如当一个婴儿饿得哇哇哭时，妈妈抱起来，关注到孩子的反应，回应孩子的情感，一边轻轻抚摸婴儿，一边说："哦，宝宝饿了，宝宝现在想吃奶了。"然后母亲帮助婴儿哺乳，并且低头看着宝宝，与他不断交换满怀爱意的目光，这时候孩子的情感即是被妈妈抱持的。

就是说，当孩子经历痛苦体验时，妈妈传递的经验是"虽然痛苦，但你是安全的，我理解你的痛苦，我也愿意帮助你度过这个痛苦，我会保护你，你要相信，痛苦不会危及你的安全。"在反复发生的安全体验中，孩子慢慢会发展出承受痛苦的能力。一个有能力承受痛苦的孩子，会更有勇气去探索世界，从而也更容易发展出健全的社会能力。

如果对婴儿的哭闹并不敏感，妈妈会变得手忙脚乱，或者因为疲惫而非常恼火，孩子就有可能从妈妈的情感中感受到自己遭到抵触或拒绝。这样一来，婴儿难以获得安抚和帮助，会进一步唤醒内心的焦虑，他可能会将此类过程感觉为痛苦的、被禁止的，或是不允许表达的，从而对痛苦体验发展出更多的抗拒。

如果这样的情况发生太多或者太严重，对一个孩子来讲，很可能造成严重的创伤。当他长大，会因为对痛苦体验的恐惧，而减少面对痛苦和修复创伤的勇气。人一生的成长，即是不断修复创伤的过程，就是说，早年积累的这些情感体验可能会阻碍了孩子的人格成长。

正是因为大家早年都经历过此类事情，完全由养育者来保证生命延续的最初阶段，因此在每个人身体里，或多或少都残留着婴儿期的感觉：我的命运被那些强大的人所掌控，我自己什么都做不了。

父母学会接受不完美的自己

忙碌、苦恼和无奈，大多都是因为人们把应该忽略的部分当成了重点。人们喜欢假设，很多时候都假设自己是一个天下无敌的成功者，假设所有的人都会喜欢自己，假设自己是完美的父母。

如果这些假设都能成立，那么世界一定会变得非常完美。遗憾的是，生活并非如人们所想象的那样完美，无论愿意接受还是不愿意接受，现实即是事实，且无法更改一丝一毫，唯一能改变的只有人们的心态。

很多人本身就带有来自家庭的"投射"，当这些人成为父母，他们也期待自己成为孩子的"命运掌控者"，例如"我应该为孩子做好一切，否则就是不合格的父母。"其实，这不过是他自己对父母的期待在孩子身上的投射罢了。

没有人真的可能成为完美父母，当父母做不到这一点时会不断感到挫败和内疚，在教育孩子时则会带入负面情绪，不利于孩子的发展。同时，父母对于自身的完美主义要求可能会导致强烈的控制欲，甚至可能成为孩子的"暴君"。

从某种程度上讲，父母成长的目标之一，就是放弃对"完美父母"的期待，接受现实的不完美，接受痛苦永远是成长的伴随者这个现实。但是这个过程并不容易完成，因为成长的每一步都伴随着痛苦：出生时失去了温暖的子宫，学走路时失去了妈妈的怀抱，上幼儿园时失去了与家庭的全天候相处……

于是很多孩子都在寻找"捷径"，试图绕过成长的痛苦，直接到达幸福的彼岸，现实却一次又一次证明，捷径并不存在，反倒是在绕开痛苦的同时也阻碍了成长。教育学家认为成长与痛苦就像硬币的两个面，拒绝其中一个面时，另一个面也被丢掉了。

西方的哲学家苏格拉底长得很丑，但他从不介意自己是否会给人留下难看的印象，并不因为自己长得丑就躲在家里不敢见人。相反，他很喜欢去公众场合，总是穿着破破烂烂的衣服，光着脚到处去演讲，去传播智慧，去告诉人们幸福的真谛，丝毫没有自卑感。他走到哪里都能成为公众的核心，没有人围观嘲笑地，大家都在静静地聆听，并不会因为他长得丑而否定他的智慧。

每个人都不可能是完美的，人们总是不停地苛责自己，原因就是内心始终怀有完美主义的心态，在潜意识里坚持不懈地追求着完美。即使人们得到了最完美的东西，就一定能有完美的结局吗？

父母在教育孩子时，也是同样的道理。人无完人，父母也是一样。如果世界上所有的父母都能教育出完美的孩子，那么孩子和孩子之间不会存在差异，不能体现出个性，就像制造出来的机器人一样毫无意义。

正是父母的不完美，能让孩子分辨什么是对，什么是错，能让孩子了解到人的不完美营造出人的多样性。更重要的是，在孩子的成长过程中，父母也在和孩子一起成长。

亲子之间气氛应该更轻松

　　大多数父母表示，在自己教育孩子时，孩子的神情非常紧张，回答问题也只是寥寥几句，而且说话小心谨慎，好像不敢完全表达自己的想法，这即是教育的失误。

　　在许多方面，孩子仍然需要父母的监督，但并不意味着需要父母制造紧张气氛。相对于高高在上的控制氛围，引导孩子是一种更放松的方式，不仅能让孩子更乐意遵从父母，也会让父母教育得更容易、更轻松。

和孩子是合作还是控制？

　　许多父母对管教孩子有一种错误的观念，认为管教就是控制孩子的行为。这一类家长通常不会改进孩子的行为，而是以自己的观念来控制孩子。此种做法有百害而无一利，因为管教不应该是控制，而应该是合作。

　　合作意味着让孩子选择自己的行为方式，这样能促使孩子朝好的方向发展，属于一种良好的管教方式。不幸的是，很多父母每天只会硬逼着孩子做事，借此来满足自己的要求。

管教不应该是一种负担，既不应该让父母觉得管孩子太累了，也不应该让孩子觉得被管是一种折磨。有的父母会为孩子提供很多细节上的帮助，来达到严格管教的目的。

比如，孩子写作业的时候，父母不是坐在旁边指指点点，就是亲力亲为。他们以为只有这样，孩子才会老老实实地把作业做完。很多时候，父母还习惯于强迫孩子严格按照自己的意志行事，如果没有按照自己所说的方法去解题，父母就会怒气冲冲。

这些父母不是在培养孩子认真检查作业的良好习惯，而是每次都要亲力亲为，不是让孩子自己找到做错题的原因和正确的解题方法，而是不停地唠叨或吵骂。有的父母也许会说："是老师要我们每天监督孩子学习，检查孩子作业的。"殊不知，这些父母完全误会了老师的本意。

孩子年龄比较小，缺乏学习的自觉性，老师的本意是希望父母能配合学校，督促孩子学习，共同关心孩子的成长，绝不是让父母这般把孩子管得"死死的"。换句话说，学校要求父母与孩子合作，而不是要求父母去控制孩子。

父母每天守着孩子，未必是个好办法，这会导致孩子在学习上遇到困难时严重依赖父母。有的父母甚至做了孩子的陪读，孩子学到哪里，他们也学到哪里。如此一来，孩子就会自然而然地养成依赖父母的习惯和惰性。长此以往，孩子根本检查不出作业中的错误，或者遇到困难就绕道而行。

有些父母先对孩子进行一段时间的严格管教，让孩子制订学习计划，告诉孩子什么事该怎样做，然后再让孩子自己管自己。如果孩子确实可以把自己管好，而且每天能让自己有一点小小的进步，父母就应该及时给予鼓励，这样才能培养出孩子的自觉性和自主性。

其实每个孩子都有荣誉感，都喜欢争强好胜，只要父母给予充分信任，大胆地放手，让孩子管理自己，他们会比想象中更出色。

如果孩子有什么事情没有做好，父母尽量不要严厉地批评，而应该多多给予理解和安慰，让孩子看到自己的能力在一天天提高。能力提高了，信心增强了，自然就养成了独立学习的好习惯，即使遇到困难，也会愈挫愈勇。

说到底，这就是在成长过程中与孩子的一次次成功合作，它不仅能帮助孩子远离不良习惯，也向孩子灌输了错与对的认知标准。

不良行为的发生常常是因为渴求自主，或希望引起他人注意，或仅仅是缘于挫折。随着年龄的增长，孩子已经有了一定的辨别是非能力，此时父母一定要注重与孩子的沟通，而不是命令孩子哪些事该做，哪些事不该做。就是说，父母要注重与孩子的合作，而不是去控制孩子。

作为一名合格的父母，一定要想办法为孩子创造健康成长的环境。孩子出现问题的时候，不要硬性管教，而要想办法与他合作，让他能欣然接受，才能快乐健康地成长。

常有父母和老师抱怨："现在的孩子真是难以管教，自己苦口婆心，孩子却不为所动，甚至时常出现让人头疼的不端行为。"久而久之，父母和老师变得身心俱疲，与孩子的距离也越来越远，怎么办呢？

台湾资深儿童心理咨询师黄锦敦老师在《陪孩子遇见美好的自己》一书中，讲了一个真实的小故事。

有一次，这位作者去一个机构带团队，对象是一群小学中年级的孩子。第一天中午，作者准备午休用餐，便请一位助教帮忙陪伴孩子。

下午团队活动开始时，他看到黑板上写有每个孩子的名字，每个名字下面有许多"×"，便问那是什么。助教说，因为孩子中午过于吵闹，彼此的干扰与冲突过多，所以用计次的方式来记录不佳表现，次数越多表示违规越多，希望借此约束孩子的行为。黄锦敦老师点了点头，表示理解。

团队活动的第二天，中午休息之前，黄锦敦老师邀请孩子们到黑板前，说："等一下又是午休时间，请大家想一个问题，如果午休时间要打分，零分最低，十分最高，你希望自己午休可以有几分的表现？"他让孩子自己想，并且把孩子的名字及自己想要的分数，一个一个写在黑板上。

接着，黄锦敦老师问起一个孩子："你想要的是六分，我问你，当你做到什么能得到六分？"

这个孩子回答："吃饭以后，我不乱丢抱枕，然后不要吵到别人睡觉，这样就可以了。"

黄老师又问："这样做，你会觉得怎么样？喜欢吗？"

孩子说："我会觉得自己很不错，可以不吵到别人，自己心情也比较好。"

随后，黄老师让每个孩子都表达出自己的想法，并做了简短的访问，然后写在黑板上。他告诉留下来陪孩子的助教，如果还是有孩子忘记自己的承诺去干扰别人，就问孩子："我怎么做才可以帮你做到你想要的分数？"接着他去做别的事了。

下午回来，助教惊讶又开心地告诉黄老师，今天的孩子和昨天很不一样，进步很大。当天下午，黄老师做的第一件事情，就是和孩子们一起回顾每个人完成了多少事情，有哪些是和上一次表现不一样却是自己喜欢的。在他的引导下，孩子们开始"回味"新的故事。

整个团体活动结束以后，助教告诉黄老师，那一天的经验令她震惊又感动，令她开始思考要怎么"相信"孩子，怎么学着与孩子合作，而不是记录孩子的错误。

控制孩子只能让孩子的内心对父母的教育更加抵触，如果学着与孩子合作，以陪伴的方式合理地引导孩子，会令他心中的反感度大大降低，从而更愿意与父母进行沟通与合作。

解除控制，让孩子自己成长

当父母在医院里听到孩子的第一声啼哭时，他们的世界打开了一扇新的窗户。从此，父母不再赖床，每晚都睡得很轻，不再笨手笨脚地换尿片，决心为孩子撑起一整片天。

控制孩子就像是束缚孩子，很多父母万般溺爱，生怕孩子受到任何伤害，因而剥夺了孩子的自主能力，事事代替包办，令孩子不但失去动手的能力，更缺乏独立精神，形成了懦弱的性格，这必将影响到孩子将来的发展。

父母的本意都是为孩子着想，怕孩子受伤，或者出什么问题，因此很多事情替孩子去决定，代孩子办理。如此做法看似杜绝了危险，减少了问题，本质上却是夺走了孩子自由成长的权利，"造就"了孩子的无能。

父母应该给孩子自由的成长空间，因为孩子的能力是在动手的过程中形成的；孩子的自信是在自己做事的时候培养的；孩子的自主意识是在父母放手的情况下逐渐养成的；孩子对自我的认识与肯定是在身心投入的过程及其劳动果实中确认的。以上所有优良的品质和出色的能力，都是孩子将来博取成功的基石，缺一不可。而这些品质和能力，在父母充分给予自由成长空间的前提下才可以获得。

当然，父母怕孩子有危险、出问题的心情是可以理解的，但在孩子安全的情况下，父母应该给出自由的发展空间，由孩子自主决定要做的事情。

父母给了孩子自由的成长空间，就要给自由支配的时间，让孩子去做想做的事情，自己思考，自主决定，父母只负责提供建议，同时教给孩子管理自己的能力。由于孩子年龄小，父母在放手的时候也要及时给予引导和呵护。

父母给孩子自由空间，不是对孩子放任自流。父母要把握好这个度，既有放手又有关注。否则，本意再好都有可能带来不好的结果。

孩子是一个完整的人，一个独立的个体，有自己的意识和想法。孩子终究要长大成人，独自去面对现实，父母大可不必绞尽脑汁地控制孩子，不如开拓孩子的思维，帮他做些喜欢的事。

案例一

小宇刚上小学四年级，父母对他疼爱有加，所有的事情都为其包办，所以小宇什么家务都不会做。父母还时刻担心他的安全，虽然学校离家很近，但是每天父母都会抽出时间去接送。当小宇和别的孩子玩耍时，父母也在一旁陪伴，怕小宇与小朋友发生矛盾，打起架来吃亏。

父母几乎成了小宇的影子，除了上学时间没有跟着，剩下的所有时间都陪伴在身边。小宇没有一点儿自由空间，时刻觉得憋闷、压抑、不开心。本应是一个充满快乐的童年，在小宇眼里却变得无比沉闷。

小宇不但不快乐，动手能力也不强，还养成了懦弱的性格。不管遇到什么事情，都会下意识地向后退缩，没有自己的主见，没有独立的意识，没有向前的勇气……

由此看出，父母应该给孩子一个独立自由的空间，只要不伤害到自己，不侵犯别人，不破坏环境，都应当给予足够的自由，让孩子能够自在活动。父母还可以根据家庭条件，给孩子安排一个独立的房间，让他享有充分的自由。孩子在自己的房间里休息、玩耍、学习、发泄不满等，父母均不能干预，这对于他的身心发展和能力培养非常有益。

案例二

毛毛是个贪玩的男孩子，学习很不用功，每一次都要在妈妈的监督下才回家写作业。为了改变儿子的贪玩习惯，妈妈想出一个办法。她与毛毛商量，如果每天放学后把作业保质保量地完成，剩下的时间都由他自由支配，想做什么就去做什么。

毛毛高兴地同意了，从此以后，他放学回家的第一件事情就是做作业，小伙伴来找他玩，他也坚持先做完作业，然后才高高兴兴地出去玩。过了一段时间，毛毛的成绩不但提高了，也比以前开朗了许多。

在不影响学习的情况下，给予充分自由的时间，有利于孩子学会自主安排事情，提高生活的独立决断力。给孩子更多能够自由支配的时间，还会让他更加快乐，学会独立思考，为孩子创造力的培养打下坚实的基础。

案例三

大白很有主见，思路非常开阔，脑子里会冒出很多想法，老师都说他以后有发展前途，有创造天赋，将来肯定会大有建树。

其实，大白同别的孩子一样，没有什么特别的天赋，只是有一点，他的父母不管做什么事情，都让大白自己选择和决定。长久坚持下来，大白就养成了习惯，不管遇到什么事情和问题，都会自己思考一番，再去做决定。因为他能从各个角度进行周密考虑，所以思路比别人开阔，点子比别人多，主意也比别人的好。

父母理应当好参谋，但在孩子发展前途的关口，千万不要把自己的意愿强加给孩子，不要代替孩子选择，更不要让孩子为实现父母的理想而做出不情愿的选择和牺牲。只有给孩子多留一些自由空间，让孩子自己去思考，自己去选择与决定，有意识地培养他的开阔思路，才能提高各方面的能力与素质。

一位到美国探亲的中国学者，遇到了一件令人深思的事情：

有一天，他正在家中看报，突然有人敲门，开门一看，原来是一个八九岁的女孩和一个五六岁的女孩。大一点的女孩先问："你们家需要保姆吗？我是来求职的。"

学者好奇地反问："你会什么呢？年纪这么小……"女孩不急不慢地解释："我已经九岁了，而且有了十四个月的工作经历，请看这是我的工作记录单。我可以帮助你照看孩子，帮他学习功课，和他一起做游戏……"

女孩观察到学者没有聘用自己的意思，接着说："你可以试用一个月，不收工钱，只要在我的工作记录单上签个字就可以，它有助于我将来找工作。"

学者指着另一个五六岁的孩子问："她是谁？你还要照顾她吗？"

女孩的回答更令人吃惊，"她是我妹妹，也是来找工作的，她可以用小推车推着你的孩子去散步，她的工作是免费的。"

独立自主是健康人格的表现之一，从小学会独立生存的技能，对自己的生活、学习以及事业、家庭都将产生重要的影响。父母应该尽早培养孩子独立生存的能力，不能只关注孩子身体是否健康，学习成绩是否优异，更应该关注孩子的精神是否独立，人格是否成熟。

让孩子在社会上能够自立自强地生活是教育的最终目的，所以在实际生活中要让孩子经过锤炼，学会独立生存。想要做到这一点，父母应当解除对孩子的控制，放手让孩子独立，成为有担当的个体。

"对症下药"
——不同类型的孩子用不同的方法教导

父母的行为都是为了管教孩子，但是针对不同类型的孩子，适用的方法也大不相同。父母应该"对症下药"，才能在管教孩子时更轻松，对孩子而言，也是一种更适合的教育方式。下面选取了两个比较典型的类别，给父母提供一些建议。

应对固执倔强孩子的小技巧

许多小孩拥有强烈的自尊心，表现得固执而倔强，对父母的教导也不以为意，令父母非常头疼。应对固执倔强的孩子，父母如果能够掌握一些小技巧，就能有效地与之沟通。

1.多听听孩子的意见

很多时候，倾听是一种非常有效的手段。对于有主见的孩子来说，在与他有关的事情上多听他的意见，是让父母和孩子都感到轻松的一种方法。父母需要掌握一个原则，只要不危及安全、不伤害他人、不妨碍尊重的事情，就让孩子自己去选择。譬如他想与小伙伴一起踢足球，即不必要求他与父母一起去公园。

在和固执孩子相处的过程中，父母要学会谈判技巧，给予更多的尊重和宽容，从中柔和地实现自己的目的，千万不要试图与孩子硬碰硬，不然肯定难以收场。

2.教孩子取舍和谦让

父母不妨经常告诉孩子，真正聪明的人常常以退为进。如果两个小朋友都想玩一个汽车玩具，双方争抢起来的话，反而谁都玩不上。不如大家轮流玩，不但可以早一点玩，还可以商量出更有趣的玩法。

对于固执而有主见的孩子，不必强调争第一的概念，可以在幼儿阶段就引导他学会谦让。

3.父母应该以身作则

其实，孩子的固执性格多半来自父母的性格基因。因此，在"改造"孩子的同时，父母不能忘了自我修炼。如果很难给自己一个客观的判断，那么可以多听听周围人的意见，经常自我反省一下。

父母应该注意自己的言行，对孩子和其他人都不要太固执己见。尤其是父母双方，应尽量避免当着孩子面为小事而争吵。

4.不要过于迁就孩子

即使有再多的策略和招数，有时还会觉得面对固执孩子就像一场耐力测试。如果所有的宽容、理解、尊重或民主都不能奏效，应该行使父母的权利。譬如到了睡觉的时候，孩子仍然拒绝上床，可以把他抱上床，并且说明："睡觉的时间到了，即使你现在睡不着，也必须在床上待着。"

在为他立规矩的时候，既不要抹平棱角，也不要过于迁就，更不要在孩子面前感叹他有多么倔强。这样会让孩子觉得自己很特殊，或者让他自以为可以肆意妄为。

不过，固执孩子的个性会随着年龄的增长而有所好转，同时，他的自信心和学习能力也会随之增强。

对于这样的孩子，父母该怎样引导呢？

1.让孩子"闭门思过"

父母在教育时应用轻柔的语气，但态度一定要坚决，要求孩子去房间里反省。尽管有的孩子表现得不在乎，但这种方式很有作用。父母要给他讲道理，告诉他胡闹会有什么结果。

遇到孩子发脾气，可以数三下，数过后的结果平时就已经告诉他了（即闭门思过），他也有这个概念。数数的时候不能间断，更不要犹豫，孩子很善于察言观色，知道你是不是真的生气。此时最好不要看他，连着数三下，往往在数到第二下时，他已经改正了。

2.尊重孩子的想法

想让孩子听话懂事，绝非一日之功，而且过分听话的孩子也不足取。最关键的是一定要尊重孩子，让孩子有自由的成长空间，满足他们的求知欲和好奇心。

遇到孩子无理取闹的时候，一定要冷静，不要屈服，也不要和他论理，但要在适当的时候给他个台阶下。人多的时候，父母可以微笑着带他离开，让他在安静的地方发泄，等到发泄够了再拥抱他，说些笑话以示讲和。父母要让孩子感到安全和疼爱，更要让他明白不能破坏规矩。

3.暂时的冷处理

孩子不听话时，不是马上教训，而是先不理睬，冷处理几分钟，效果反而会更好。

4.提醒孩子的言行

孩子犯错误时，如果有多人在场，先不要严厉地指出错误，而是给他一个脸色，或者在看到他有犯错误的苗头时，主动先说："你很乖，不会这样做的……"

5.父母要控制自己的情绪

自己发怒时，不能理智的处理问题，最好先离开一下，等平静下来再去解决问题。

6.用建议换来孩子的认同

当孩子想做某件事，父母认为不行时，不要直接告诉他不行，而是给出一个可以做的建议，比如不能在厨房内搭积木，可以建议他到客厅里搭。

7.让孩子体验自己行为的直接后果

让孩子尝尝自己行为的苦头，比如孩子要玩而不吃饭时，可以在孩子饿了要求吃饭时告诉他："你刚才不吃，现在没有了！"

8.跟孩子谈谈，彼此各退一步

例如天色已晚，孩子还不愿意离开游乐场，可以和他商量再玩三次滑梯就回家。用这样的方式去"谈判"，往往可以满足双方的需求。

9.给孩子选择的机会

让孩子自己选择，觉得自己的意见得到了大人的尊重。比如问孩子"你想先刷牙还是先洗澡？"给孩子一个选择的机会，会让他觉得父母比较重视自己的意见。

10.用有趣的手段说服孩子

当孩子不肯刷牙时，可以说："来试一种好玩的方法，我刷你的牙齿，你刷我的牙齿，好不好？"孩子很喜欢玩这些有趣的游戏，往往就会接受大人的要求。

11.在实际情景中给他们讲道理，

如果孩子抢走了小朋友的玩具，可以问他："别人抢你的玩具，你会不会不高兴？"让他明白自己的行为会影响到别人。

应对沉迷游戏的孩子小技巧

不少父母反映孩子迷上了玩游戏，有什么好办法可以有效减少孩子玩游戏的时间呢？以下三个方法可以提供给父母们参考。

1.分段把握更有效

与其规定每天玩游戏时间不超过2小时，还不如规定每次玩游戏30分钟或3个关卡后必须关上游戏机，休息30分钟，全天

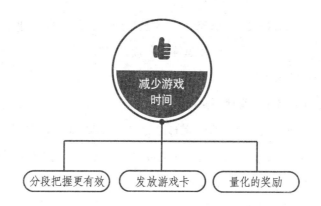

累计不得超过2小时，休息时间必须彻底离开游戏机。这样不仅能减少孩子的用眼时间，避免眼疲劳，而且在休息时间可以让孩子做些其他方面的运动，暂时忘记游戏。

如果父母不去生硬地打断孩子玩游戏的乐趣，便能顺利地按规定时间执行计划。譬如30分钟是一个玩游戏的时间段，父母可以在25分时提醒一下"还有5分钟"，到了时间再适当延后两三分钟，然后彻底关掉游戏机。

2.发放游戏卡方式

父母可以每天给孩子发30分钟一张的游戏卡4张，由孩子自行安排，玩的时候交卡，卡用完了就不能再玩。游戏卡最好和孩子一起制作：把图画纸裁成小方块，画上漂亮的图案，然后让孩子摁上自己的小指印，告诉他这是信守承诺的标志。

这样一来，孩子为了节省游戏卡，会在游戏时间认真玩，避免了浪费时间，不会去想别的事，能够自我控制玩游戏的时间。父母也可以给孩子配备一个造型可爱的卡通计时器，通过玩具来转移一部分注意力，让孩子自行减少游戏时间。

3.采用量化的奖励

可以用一些奖励方式来激励孩子执行计划，譬如每天游泳6圈，每次超过2圈可以换取玩游戏时间5分钟；每天画画时间1小时，如果超过30分钟，可以换取玩游戏时间5分钟等等。一般情况下，孩子很乐意参与其中，此举是有效防止孩子沉迷游戏的好方法。

把握孩子的物欲，帮助他建立正确价值观

在孩子的成长过程中，金钱是不可避谈的一个重要问题，孩子小时候都有浪费金钱、对金钱没概念的现象，也有个别孩子会有攀比的心理。怎样在把握孩子物欲的同时，又为他确立初步的价值观呢？

我们都知道不能一味地满足孩子的要求，但是在这个物质产品极为丰富的年代，想要抑制孩子的物欲很不容易。怎样抵挡发生在他身边的重重诱惑，怎样平和又高效地对孩子说"不"，怎样在把控孩子购买欲的同时，完成他的财商第一课才是关键。

下面是一些父母经常遇到的苦恼，希望以下的简单对策可以帮助父母摆脱困惑，并保持立场，帮助孩子在物质泛滥的环境中从容成长。

苦恼一："孩子在电视广告上看到什么，就跟我要什么。"

"我通常会在做晚饭的时候安排孩子看电视，但是现在的少儿节目中间穿插了大量广告，于是儿子看见什么广告就要什么，什么安慕希（一种酸奶品牌）啊、电话手表啊，比我知道的还多……"

怎么办？关掉电视！既然没有真正给孩子看的"纯少儿节目"，那不如不看。父母做晚饭时，可以安排孩子看光盘，动画片、教育节目或者歌舞表演等。

苦恼二："每次带孩子去超市购物，他都会央求我买样东西。特别是排队结账的时候，收银台前的那些泡泡糖、棒棒糖、巧克力豆，好像在跟孩子招手，前面的队伍却总是不见动窝，每次我都抵不过孩子的纠缠……"

怎么办？有些父母会尽量避免带着孩子一起购物，还有一些能够保持坚定的立场，任凭孩子在众人面前撒泼打滚也绝不屈服。比较温和的办法是事先和孩子说好此行的目的，并且说明只能给他买一样东西，让他自己决定是一个扭蛋还是一袋薯片。比较省事的办法是带孩子购物时只购买家庭生活必需品，远离零食、玩具的柜台，让他认为"超市只是给家里添置东西的地方"。

苦恼三："别的小朋友有什么，孩子就要什么。他会缠着我给他买和小玉一样的拉杆书包，或者和琪琪一样的电动玩具，如果有小朋友把家里的ipad带去幼儿园，他会纠缠一个晚上，也要一部同样的平板电脑……"

怎么办？对于这件事，你必须在第一次时即表明态度："不行，你已经有很多书包，足够用了。"从孩子能够听懂话开始，你便有必要帮他建立"家里的钱应该花在哪儿、怎么花"的概念。买东西的时候，你可以指着一双非常喜欢的鞋子告诉他，虽然自己很喜欢这双鞋子，但宁愿把钱留着去买更需要或者更值得的东西。

苦恼四："我该怎么告诉孩子某件东西值多少钱？我希望孩子能有一定的金钱意识，却又不愿意在孩子面前过多地谈论钱。"

怎么办？你可以和孩子一起把家里的旧报纸、空饮料瓶卖给收废品的人，换得的钱和他一起存进一个储蓄罐里。外出的时候，允许他从里面拿出5元或者10元，金额由他自己来决定，拿这些钱去买甜筒冰淇淋还是卡通贴纸，也由他来决定。通过"挣钱与花钱"，可以帮助孩子确立初步的价格意识。

苦恼五："我总是找不到拒绝孩子的有力说辞，自己也知道这很重要，但是一看到他可爱的小脸和可怜巴巴的眼神，就不忍心了。"

怎么办？坚持原则而又不显得强权的办法就是认真倾听孩子的请求，耐心解释拒绝的原因。你的理由一定要有说服力，不是"爸爸说不行就是不行"的粗暴腔调。比如，当你拒绝给孩子买游戏机的时候，必须给他列举游戏机有哪些弊端、不买的原因。此外还要持之以恒，如果为了图一时耳根清净而朝令夕改，那么你的话在孩子那里就再也没有说服力了。

第6章
正确地引导，
但不要喋喋不休

　　唠叨可能会导致孩子的心理问题，并危害身心健康。美国杜克大学心理学家坦娅的研究显示，如果父母总是喋喋不休，孩子可能会反其道而行之。

　　管教孩子不是唠叨就能见效，而是需要正确的引导。在正确的引导下，孩子才能健康成长。

父母的唠叨影响了孩子的心理健康

经常有孩子在学校和好朋友讲"某某老师太像唐僧了"，"我妈妈就是一个典型的'女唐僧'"。孩子口中的"唐僧"，并非是人们印象中那个心地善良、永不杀生的好心和尚，而是《大话西游》中那个总爱唠唠叨叨的唐僧。

用唐僧来形容老师和妈妈，孩子是想表达对"唠叨"的厌烦。据一项青少年对父母行为评价的调查表明，父母的唠叨已经和粗暴、不尊重隐私一同被列为孩子最讨厌的父母行为。显然，唠叨对孩子造成了较大的危害。

为什么父母总爱唠叨

1.过度关爱

有的父母把孩子当成了永远长不大的小不点，事无巨细，关怀备至。天冷怕冻着，天热怕晒着，出门怕撞着，在家又怕上网，没完没了地嘱咐。

2.过高期望

孩子的身上寄托了父母所有的希望，有的父母甚至把自己年轻时未实现的梦想寄托在孩子身上，一旦发现孩子没有按照自己期待的步骤去做，便开始苦口婆心地"强化教育"。

3.错误思想

很多父母感觉孩子越来越不听话，言语教育根本不起作用，又没有更好的方法，于是错误地认为，孩子一次不听，就说两次，两次不听，就说三次，只要自己多说几次，孩子总会听进去。

父母唠叨的危害

1.会使孩子失去倾听的能力

许多时候，孩子的问题往往是天性的表现，不完全是错误。如果父母不给孩子解释的机会，而是自己不停地说，孩子哪怕有满肚子的话也说不出来。

2.得不到孩子的尊重

父母唠叨属于一种不尊重他人的交流方式。一般情况下，有必要适当提醒孩子，但是无休止的唠叨就等于变相的单方面指责，丝毫没有尊重和认同的意味。尊重是相互的，孩子虽然年纪不大却拥有自尊心，当自己没有得到父母的尊重时，孩子自然会选择无视父母的嘱咐，不再尊重父母。

3.使亲子沟通出现断裂，孩子失去对家的眷恋

孩子不是父母的附属品，唠叨不仅伤害亲子关系，也让父母的焦虑和压力延伸到了孩子身上。如果父母还像小时候那样管教孩子，只能加深亲子关系的裂痕。无尽的唠叨掩盖了家庭的温暖，当自己的家不再是温暖的港湾，孩子自然会对家庭失去眷恋。

4.让孩子变得不自信

在某种程度上，唠叨是父母不善于控制自己情绪的表现。长此以往下去，父母的负面情绪就会传递给孩子，他们承受着巨大心理压力，认为家长的唠叨是自己"不争气"的表现，继而变得很不自信。

5.孩子感觉受到控制

父母的唠叨明显占据了强势地位，孩子想说也没有招架之功，更别说反抗。由于尚在幼年，孩子暂时不会爆发，但受到父母控制的感觉却一直存在。等到青春期来临，孩子进入叛逆时期，此前积累的不满情绪便会骤然激发出来，问题会变得很棘手。

6.父母形象易受损

有些父母对孩子的要求和期望过于理想化，甚至不切实际，看到孩子的言行举止觉得处处不满意，形成了较大的心理落差，于是常常唠叨。孩子的行为若是稍有不如己意，便会指

责、批评和抱怨，有时甚至会讽刺和挖苦。

有些父母的唠叨大多没有明确的目的或要求，见什么说什么，想到哪里说到哪里，搞得孩子无所适从，心生厌烦，甚至觉得自己的父母"太没水平，话都说不清楚"。这样一来，父母在孩子的心中便会被贴上"事多""小心眼""没水准"等有损形象的标签。孩子对父母的正确指导和教诲也会充满了偏见，不予接受。

7.孩子依赖无主见

有些父母对孩子的言行很不放心，总要反复叮嘱多次，希望记住自己的话，少犯错误。当这种迫切的心情变成了唠叨，结果往往事与愿违。过多的唠叨与强迫会令孩子过度依赖父母，失去自行判断的能力与动力，变得没有主见。

"预防针"仅仅替代孩子一时的心理行为，打多了只能造成"免疫力"低下。由于父母终日不停地唠叨，孩子很容易产生一种依赖性，面对某些问题不去思考，而是在不经意的状态下去做，反正做好做坏自有父母去评断，久而久之便会养成懒惰的习惯。这种习惯不仅表现在行动上，也反映在思维的发展上，经常被唠叨的孩子往往在学习和成长方面都表现出强烈的依赖感。

8.孩子厌烦而叛逆

父母的唠叨常令孩子得不到尊重，易使孩子形成自我认识的不足和麻痹心理，易使孩子对什么事儿都不以为意，造成"越说越不听"的叛逆局面。孩子真正犯错时，父母反复地唠叨说教，会让他从内疚不安到不耐烦，最后变得反感讨厌，被"逼急"了就会出现"我偏要这样"的逆反心理和行为。

心理学研究表明，孩子受到了批评，需要一段时间才能恢复心理平静。当受到重复批评时，他心里会嘀咕"怎么老这样对我？"孩子挨批评的心情也就无法复归平静，反抗心理随之高涨起来。

为了构建和谐的亲子关系，也为了让孩子能够健康快乐地成长，父母们应该多了解和学习一些育儿方面的知识，多借鉴一些成功父母的育儿经验，多与孩子进行心与心的交流，对孩子多一些关心、理解和尊重。看到孩子快乐，父母才会感到由衷的高兴。

父母如何不唠叨

1.对孩子抓大放小

在孩子的成长过程当中，某些唠叨无关紧要。父母应当把最主要的精力放在叮嘱孩子注意最重要的事情上，应当学会照顾孩子最核心的需求，而不用所有事情都要千叮咛万嘱咐。

2.学会等待

孩子的成长需要一个过程，不管是提高生活自理能力，养成良好习惯，还是积累文化知识，都需要时间的历练。这一段时间不会因为父母的唠叨就缩短，因此父母应当有等待孩子成长的耐心，而不是揠苗助长，急于求成。

3.只说一遍

父母在对孩子说话时，一定要突出重点，尽量做到只说一遍，或者挑选有分量的话讲一两遍即可，不要对孩子反反复复地唠叨个没完。如果孩子的理解能力不强，父母可以再给解释一下其中的要点。

4.就事论事

对于孩子所犯的错误，父母应当就事论事，只针对当前的错误或者某一次的错误展开教育。如果父母在引导孩子的过程中联想太丰富，无疑会增加谈话时间，谈及多余的内容，这样做只会引起孩子的反感，让他觉得父母"太唠叨"。

别让孩子学会撒谎

　　一直以来，孩子被看成是纯洁的天使。安徒生的童话故事《皇帝的新装》里，也只有孩子敢说真话。可是，当孩子一边用天真的眼神看着你，一边说谎的时候，父母会作何感想？

　　禁止撒谎对孩子的成长历程非常重要，父母必须进行正确的引导。

孩子的谎言是父母的误导

　　孩子并不是生来就会说谎，到底是什么让他丧失了诚实的本性，在逐渐长大的过程中学会了说谎？

　　某天，妈妈一进门就骄傲地对爸爸说："今天用10块钱买菜，那个人居然找了我93块钱，真是赚大了……"

　　她没有注意到，孩子在一边看着。

　　这位妈妈没有把钱归还给别人，还当着孩子的面大肆炫耀，没有意识到自己的所作所为给那颗纯净的心灵蒙上了灰尘，为孩子以后说谎、贪小便宜提供了样板。

由上述案例可以看出，孩子说谎是在年幼时受到父母的影响。一般孩子在6岁之前，大部分时间都和父母一起度过，很多行为会模仿大人。父母有没有想过，可能正是自己的行为让孩子学会了说谎？

大多时候，孩子说谎只是一种自我保护，并没有什么恶意。有些孩子可能是为了取悦父母或他人而说谎，有些是因为害怕受到惩罚而说谎，有些是为了炫耀自己而说谎，还有一些孩子表达出自己想象或者期望的样子，却被父母误解为说谎。

发现孩子撒谎，父母要冷静

很多时候，孩子说谎或编故事，只是希望事情没有被自己破坏，希望事情朝着好的方向发展。几乎每位父母都有过这种经历，此时大可不必批评孩子，可以选择转移孩子说谎的注意力，让他不再用另一个谎言来掩盖前一个谎言。

当发现孩子说谎的时候，父母不应该勃然大怒，要冷静客观地去分析孩子说谎的原因，最重要的是让孩子认识到无论什么原因，说谎都是不对的。父母要用诚实的行动去教孩子诚实，帮助他从小养成诚实的好习惯。

如果孩子说谎之后，能勇敢地承认错误，不管在什么情况下，父母都要表扬他说实话的勇气，并鼓励他以后要多说实话。同时，父母一定要就事论事，给孩子更多思考的空间，而不是一味地批评和指责。

孩子撒谎时，父母如何疏导孩子的情绪

孩子撒谎时心理承受能力差，本身就对说谎感到恐慌，更不会用大道理来开脱自己，因此常常会陷入不良情绪。要求他们很快调整心态变得豁然开朗，似乎有些苛求，最直接的方法就是让他将不良情绪发泄出来，引导孩子承认自己的错误。

陷入撒谎恐惧的孩子常常会无法理智地选择释放情绪的方式，有时他们的方式有些过激，父母应该给予充分理解。父母要做的不是阻止他们，更不是大发雷霆或使用暴力，而是让孩子懂得，发泄情绪时不能拿别人当出气筒，也不能失去理智，应该适可而止。

当孩子情绪平复，就会发现他比以前更懂事了，还会为自己的撒谎行为和过激行为感到惭愧，并对父母的宽容心存感激。反之，如果来一场疾风暴雨式的"批评加检查"，效果会适得其反。

做孩子的榜样

孩子的家庭教育非常重要，犹如一座大厦的基础部分决定了大厦的风格和高矮。孩子最早接触的生活环境主要是家庭，父母是他第一任教师。身为教师，父母就要以身垂范，做好孩子的榜样。

要想成为孩子的榜样，一般要把握下面三个原则：

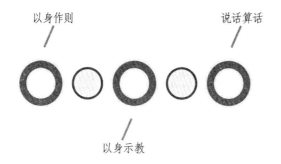

1.父母要以身作则

"父母榜样"作为一种具体的形象，具有强烈的暗示和感染力量。父母不仅是一种权威，还是言行标准的提供者。在很多情况下，父母的表现会成为孩子的参照。要想让孩子的言行有所遵循，父母切不可言行不一，言行相悖比对孩子放任自流的影响更坏。古人云："以教人者教己。"即要求孩子所具备的良好品质和习惯，父母都应该首先具备。

2.父母要以身示教

在家庭教育中，父母经常会对孩子说"应该这样做，不应该那样做"，以此来规范孩子的言行。可是空洞的说教往往起不到什么作用，父母的一言一行，一举一动，孩子都会看在眼里并产生崇敬，以父母为榜样去模仿效法。在日常生活中，父母要谨言慎行，以身示教，凡是要求孩子做到的，自己必须首先做到。

3.父母要说话算话

答应了某件事情一定要兑现，若一件事情兑现起来有困难，就不要轻易许诺。如果父母经常说话不算话，自然会降低可信度，孩子对父母的崇信、敬仰和爱戴，也会随着失信的次数增加而逐步递减。孩子甚至会下意识地效仿父母，养成说话不负责任的不良习惯。

父母是孩子一生的老师，明智的父母都应该以身垂范，给孩子做个好榜样。

给孩子正确的导向

孩子犯错时，许多父母往往只会教育"这样的行为是错误的"，却没有告诉孩子到底错在哪，并不断地唠叨和批评。面对犯错的孩子，父母应该用他能接受的方法进行耐心引导，给孩子做出一个好的导向。

纠正孩子的行为

许多父母对孩子期望很高，总希望孩子事事都顺着自己的心愿，若有不顺心就不停说教，如此往复便成了唠叨。既然唠叨会让孩子厌烦，容易招致他们的怒气，那么父母究竟应该怎样去纠正孩子的行为呢？

1.正确把握孩子的心理状态

一般情况下，孩子的心理活动状态会不同程度地有所暴露。平时，父母要细心观察孩子的神情、言语、注意力和习惯动作，从而准确把握孩子的心理状态。

2.学会交流

亲子教育专家张勤女士曾经讲过这么一件事：一天下午，她突然被儿子的小学老师叫到学校。在办公室里，老师当着儿子的面抱怨她的孩子是多么淘气，甚至使用了很多难听的字眼。她认真听完，发现没有多大的事儿，小男孩子淘气是很正常的事，可是老师却把事情说得很严重。

事隔多年，她仍然觉得心痛，"当时儿子站在一旁，老师就那样数落，他吓得缩在墙角一个劲地哭！回去时，儿子哭了一路，我怎么安慰都停不下来。"可见，不恰当的交流方式对孩子的伤害有多么大。

3.以行动代替说教

当孩子怠惰、不专心读书，父母说教无效时，不妨停止语言的劝诫，改为行动的处罚，施以适当的处分，让他反省自己的过失。如果看到孩子有悔意就不要过多指责，受过处分之后，孩子会改进的。

培养孩子的自我反省能力

孩子是否具有自我反省能力，跟父母和长辈的引导与教育密切相关。

教育专家指出，孩子到了一定年纪都会有一定的判断能力，可以简单地判断好坏，并且也有了一定的自尊心和羞耻感。如果做错了事，他们也会感到羞愧，只是不同孩子的羞愧程度不同而已。如果某件事情能引发他们的自尊心和羞耻感，令其深刻反省，便会有改正的决心。

自我反省的孩子，能够反思自己的言行，能够置身事外地观察自我的状态，因此也能换位思考，体会父母的感受。那么，父母如何把孩子培养成懂得自我反省的人呢？

1.不直接指责孩子的错误

当孩子做错事时，父母不要直接斥责，否则可能引起反感，令其产生抵触情绪，导致内在智力的发展受到限制。此时，父母应以冷静的态度从侧面引导孩子进行自我反省，明辨自己的过失。

2.让孩子承担犯错的后果

孩子做错了事，许多父母常常替孩子去承担犯错的后果，他会觉得做错了也没有关系，从而丧失责任心。这不利于培养孩子自我反省的能力，反而致其以后更容易再犯下类似的错误。父母应该让孩子自己去承担犯错的结果，并让他明白，一旦犯错将会造成不良后果。

3.正视负面道德的正面效应

给孩子灌输正直、善良、勇敢等正面道德感情，可以塑造美好的心灵，让孩子体验羞愧、内疚等负面道德情感，也会使其受益匪浅。羞愧、内疚等负面道德情感与正面道德情感相比，更能在孩子的心中留下深刻的记忆，促使他不断进行自我反省，学会区分好坏、是非、对错和美丑，并改正错误。

当孩子犯错或者不听话时，应该让他懂得羞愧和内疚。如果孩子做错事或者不听话了，父母可以直接平静地指出错误，促使孩子自我反省，激发羞愧感和内疚感，让他以后不再犯类似的错误。

4.引导孩子预见事物的后果

许多孩子比较冲动，做事根本不考虑后果，他们经历比较单纯，能够预见到的后果往往和成人能预见到的不一样。这时候，父母可以进行适当指导，让孩子尝试一下，结果肯定出乎意料，孩子就会反省自己的行为了。

妈妈送了一盆花，小茜十分喜欢，把花放在窗台上，看它在阳光下尽情地舒展。有一天，小茜突发奇想，把花连根拔起，丢在地板上，她觉得这样很好玩。

"小茜你怎么这么残忍！花会枯萎的，赶快把它们埋进土里。"看到这一幕，妈妈大声呵斥。小茜却充耳不闻，无动于衷。这时，爸爸走过："小茜，如果你肚子饿了，不给你吃东西，你会怎样？"

"我会很难受。"小茜有过饥饿难忍的经历，毫不迟疑地回答。

"没有食物吃是很难受的，你把花从土壤中拔出来丢到地上，它们也得不到营养，你说会不会难受？而且，花是草本植物，只能依靠土壤汲取营养，一旦离开土，很快就会枯萎。"爸爸说。

小茜默不作声地想了片刻，对爸爸说："我错了，我以后再不把花从土里拔出来了。"

爸爸的做法是正确的，对于孩子错误的行为，父母直截了当的批评往往不能够令其信服，反而会引起孩子的逆反心理。如果父母有意识地引导孩子预见错误行为的严重后果，便能让孩子很快理解自己的做法不妥，同时也能起到警示的作用，使其以后不再犯同样的错误。

正确引导犯错的孩子

一个4岁大的孩子，两只小手抱着一瓶饮料，小心翼翼地把嘴凑到瓶口。谁知瓶口一斜，饮料流到了衣服上。妈妈看见了，当着众人的面大声斥责："你怎么这么笨，连喝水都不会，长大还能干什么？"孩子怯生生地看着妈妈，一不留意瓶子一歪，身上又洒了些饮料，妈妈一把夺过瓶子，"怎么生了你这个笨蛋，越说越洒，真气死我了……"

这一幕是不是经常看到？科学家斯蒂文·格伦小时候也犯过类似的错误，不过他妈妈处理的方式却截然不同：

格伦两岁时，一次从冰箱里拿出一瓶牛奶，谁知瓶子掉在地上，牛奶全洒了。妈妈来到跟前，没有责备，没有教训，更没有惩罚。

她说："格伦，你做出了多棒的垃圾！我还从没有见过这么大一摊牛奶呢！既然已经这样了，儿子，你愿意和妈妈在奶河里玩一会儿再打扫吗？"

"当然！"格伦很高兴。玩了十几分钟，妈妈和蔼地说："要知道，不管怎样，你把地弄得一团糟，必须打扫干净，我们可以用海绵、拖把或抹布，你喜欢用哪一种呢？"小格伦选了海绵，和妈妈一起收拾好地板上的牛奶。

收拾完以后，妈妈又说："今天妈妈做了一个失败的尝试，没能让你的小手抓住这个大牛奶瓶子。现在到院子里去，给瓶子装满水，看看你能不能发现怎样才能抓得住，确保它掉不了！"小格伦很快就发现，只要两手握紧瓶嘴的那部分，瓶子就不会掉下了。

这位科学家在长大后回忆说，也就是在那个时候，自己意识到不用去害怕错误。他说，错误只不过是通向未知的大门，而未知是科学新知的源泉，即使不能从错误里发现什么，父母也能从中学到一些有价值的东西。

在教育孩子的过程中，这位科学家的母亲没有直接批评，而是通过巧妙的方法教育孩子如何处理自己的错误，如何避免再次发生类似的错误。

这一点和才能教育教学法有相同点。才能教育强调让孩子快乐学、容易学、主动学。而"思考的比萨"是对孩子现阶段思考力的发展状态进行科学的诊断和评价，根据评价结果得出个人进度处方记录表，按照处方的进度进行学习，从而全面培养思考力，它是目前国内唯一的思考力专业训练教程。

事实上，父母眼里的错误，对孩子来说是一个必然的成长过程。孩子不断"犯错误"的过程，正是不断改正"错误"、自我完善的过程。假如不给这类机会，他们会变得懒于动手，疏于尝试，习惯依赖父母，而且性格变得自卑敏感、优柔寡断、内向古怪、一意孤行。

每一个孩子都会犯错，大多数还会一犯再犯。父母要做的不是大声呵斥和恐吓，而是考虑采取以下步骤，将"犯错误"过程中的不利和消极因素转化为有利的、积极的、合理的因素。

1.保持沉默姿态

脾气急躁、性格外向的父母，首先要控制住自己的情绪，沉默30秒，或者立即离开现场。如果当时加以训斥，孩子不但体验了错误，还会因斥责而恐惧和畏缩，如同雪上加霜。父母此时的沉默是手段，不是目的，沉默的意义是留出一段让双方共同思考的时间："发生了什么？""应该怎么办？"

2.肯定积极努力

不得不佩服前面提到的小格伦的妈妈，能从消极事件中发现积极的因素。她首先肯定孩子做的事情，不对结果做出任何评价，在激发兴趣中提出下一步要求，孩子自然会照办。

3.适当纠正"错误"

和孩子一起分析"犯错"在什么地方，并告诉他正确的做法，引导他对自己的行为进行监控和反思，孩子会在自我修正的过程中逐渐成熟。

4.启动内在动机

孩子内心一直在不断地努力做好，就算当他将事情弄得一团糟时也一样。错误和失败有着积极的意义，它是学习的一种必要途径，只要允许孩子在亲自感受人生的酸甜苦辣中长大成熟，他将来一定会更稳妥、更有能力去处理失误。

面对孩子的失败和错误，父母的心态是关键

其实，在孩子的成长过程中，重要的不是避免孩子的失败和错误，而是父母的心态。孩子很敏感，他们可以从父母那儿读出自己的对与错、是与非。父母的责任不是去教育孩子不要犯错误、做错事或不许失败，而是要让他们知道失败与错误并不可怕，可怕的是不敢去承担失败的责任，不能从失败中吸取经验教训，不能走得更好、更稳、更快，不能从错误中学会道理……

在家庭教育中，孩子时常会面对失败与挫折。比如，孩子学走步时，因为婴儿肥，常常头重脚轻地摔倒。妈妈会很心痛，爸爸却总是哈哈大笑还没心没肺地问："嘿，你这小子，有没有把我的家具撞坏呀？"爸爸的态度让儿子觉得摔倒其实还是很"酷"的，自己还是很有力的。于是，他爬起来，摸摸脑袋扭着屁股，笑嘻嘻地迈出下一步，生活其实也应该如此。

某天早晨，小智刚刚起床，一边洗漱一边若无其事地对妈

妈说："妈妈，既然今天爸爸不去公司，我能不能不要坐校车，让爸爸送我上学吧。"。

妈妈疑惑地问："为什么？爸爸要去买东西，你不能自己走吗？"

小智犹豫了一下才说："我忘记写作业了，不过20分钟之内就可以搞定。"

从来没有忘记过写作业的小智，在临上学的前一刻告诉妈妈，他本来有两天时间来完成作业，现在却还没有做。因此，妈妈很生气，"不行，自己忘记的作业，得自己想办法解决，爸爸妈妈不能'救'你。"

爸爸也支持妈妈的说法，小智没办法，在吃早餐时狼吞虎咽，平时要吃上20分钟，今天5分钟就结束了，然后不声不响地进了书房做功课。

晚饭时，妈妈问小智："作业有没有做完？"

小智说："差了一点，没有全部做完，所以没能拿到满分，因为我得赶校车。"

"你从中学到了什么？"爸爸问。

"自己做错的事得自己承担，我再也不会忘记做作业了"，小智回答。

妈妈对小智说，人们做的每一件事，每一个决定，最终都得自己负责。如果用一次写作业的失误，教会孩子一个宝贵的道理，这个失误显然非常值得。

在这个案例当中，父母对孩子的错误处理十分妥当，既没有无尽地批评与斥责，也没有为孩子的错误承担责任，反而让小智自己处理，并且在事后进行反省。从始至终，父母保持着与孩子平等、冷静的心态，没有因为孩子犯下的错误而怒不可遏。

有的父母听到孩子忘记写作业，当场就会大发雷霆，责备孩子忘性大，甚至认为忘记写作业是不想写作业的借口。这样的态度不仅让孩子认为父母不通情达理，还会慢慢产生抵触心理，认为父母不能理解和帮助自己，甚至失去对父母的信任，非常容易拉远亲子之间的距离。

另一些父母一听到孩子需要帮助，便不顾一切地去帮他达到目的。这样的做法只会让孩子慢慢变得没有自我约束能力和控制能力，总想着父母可以帮自己收拾烂摊子，对自己犯下的错误不去改正，久而久之养成了坏习惯。

同样，在孩子遭受挫折打击的时候，父母的心态也会影响孩子的发展与自信心。

妈妈在教两个女儿唱一首英文歌，大女儿莎莎一次就学会了，二女儿贝贝第一遍没有学会，第二遍还是结结巴巴，她有点着急了。

妈妈说："不要着急，你从小对英语很感兴趣，多学几次就能学会。"

贝贝受到了鼓舞，又读了一遍歌词。这一次虽然只读懂了一半，但她勇气大增，直到第五遍，终于把整段歌词都念下来了。从那以后，贝贝好像突然开窍了似的，对自己信心大增，英文学习突飞猛进。

　　由此可见，父母在面对孩子的失败和挫折时，如果心态比较好，表现出鼓励的态度，孩子也能在失败、挫折和错误中学习，努力做好这件事，成功做到这件事。

　　帮助孩子学会面对失败泰然处之，这是父母最应该注意的问题。

　　和长期受过声乐训练的同学比，雯雯的唱歌水平有一定的差距。为了争取学校合唱团中的领唱机会，雯雯参加了多次试听，她并不气馁，同时又心服口服："其他小朋友确实唱得比我好"。

　　她一次又一次失败，一次又一次站在舞台上，在妈妈的鼓励和自己的不断努力下，雯雯的唱歌水平一直在进步，终于脱颖而出，成为一名领唱。

　　直到今天，每当妈妈想起雯雯这一股越挫越勇的劲头，心中仍然会充满感动。

　　当孩子犯错或表现不够好时，父母不妨试着从自己身上找原因：

　　如果孩子对事物缺乏好奇心和想象力，父母要想想自己有没有因为过多注重成绩，而忽略了对孩子创造力的培养？上一次和孩子一起仰望天空是什么时候的事？

　　孩子学习没有效率，父母要想想自己有没有没有过分地推动孩子，让他在各种课外班、才艺补习班之间来回穿梭，没有时间玩耍放松，因而变得很不快乐，对学习产生了厌倦？

孩子沉迷网上游戏，父母要想想自己有没有引导孩子在网上做其他有益身心的活动，比如网上下棋、打桥牌、学习编程、创建网站？孩子有了很多爱好，自然不会老惦记着电子游戏。

孩子重理轻文，除了老师规定的读书单子和一套《哈利·波特》，不喜欢读其他书。父母有没有以身作则，树立爱读书的榜样？有没有在家里营造良好的读书环境，让孩子随时能接触到真正感兴趣的读物？

如果孩子不善于与人沟通，缺乏主动性，那么父母在鼓励孩子力争上游的同时，有没有帮助孩子创造社交环境？有没有向孩子多灌输一些关心社会的意识，激励孩子去做有益于社区人群的事情？

孩子整天关在自己的房间里，与父母的话越来越少。除了监督孩子学业，满足物质娱乐的需要，父母平时有没有与孩子进行民主式的对话？有没有通过关心孩子的心灵需求，与孩子在精神层面上沟通，建立良好的亲子关系？

在成长的过程中，孩子的很多想法和行为都没有固定形成，很容易被父母的情绪和思维方式所左右。当孩子犯下错误，父母首先应该想到，自己的行为是否对他有不良影响？导致孩子在潜移默化之下做出错误的选择。

更重要的是，对于做错事情的孩子，父母不应该消极面对。这会让孩子误认为自己做的一切都是错的，从而渐渐失去自信心。

第7章

沟通中，
共情是交流的最高艺术

许多父母表示，和孩子沟通越来越难。孩子不愿意和父母交流，慢慢地亲子之间关系就会疏离，造成这种现象的原因在于缺乏共情。

共情既是同理心的表现，也是善解人意的做法。人人都需要共情的能力，因为拥有共情能力会让人际交往能力更强，更能体谅和包容别人。

通过共情，父母理解了孩子的想法和心情，孩子便愿意与之沟通，父母也能帮助他解决问题。

与孩子沟通，懂得共情最为重要

　　共情是设身处地地体验孩子的情绪、思维、处境，从而把握孩子的体验、经历、人格之间的联系，中立和客观地理解问题的实质，并把共情的情感传递给孩子，从孩子那里获得反馈，从而帮助他解决问题的一种方式。

　　通过共情，父母帮助孩子处理问题，正确引导孩子的思路，也能让孩子对父母产生强烈的信任感，有利于亲子之间的交流和感情的联系。

共情的能力

　　共情一词，中文有许多译法，比如"同理心""共感""投情"等。创造这一概念的罗杰斯阐述，共情是体验别人的内心世界犹如自己的内心世界的能力。

　　这种懂得别人的感受，懂得共鸣，懂得让步，懂得适时支持的状态，站在别人的角度和立场上，从他们的角度来看待

事物发展的能力，被视为社交的重要能力之一，也就是所说的
"共情"。

对于亲子之间来说，共情是一种高质量的陪伴，父母要全
身心地理解孩子的情绪，关注孩子的一举一动，支持、尊重孩
子的想法。

许多心理学家都阐述了各自对共情的见解，综合他们的观
点，可以将共情理解为：第一，从对方的内心参照体系出发，
设身处地地体验对方的精神世界；第二，运用一些语言技巧，
把自己对对方内心体验的理解准确地传达给对方；第三，引导
对方做进一步的思考。

共情的能力是一种本能反应，不用经过深思熟虑就能产
生，但是共情能力并不是表示同情。同情是对别人的悲惨处境
感到难过，而共情是换位思考的一个过程，是想象如果换成自
己会是怎样的心情，是一种真实的内心感受，是深入到别人思
想里，体会对方心情、体验对方眼中世界的能力。

当父母和孩子沟通时，首先要能够识别孩子的情绪变化。孩

子的情绪来得快也去得快，父母要时刻注意孩子的情绪变化，然后在脑海中想象孩子的处境和心情，思考自己应该做出的反应。

共情是亲子沟通的桥梁

共情是孩子和父母之间心灵沟通的桥梁，以心理为基础做到共情，孩子便乐于向父母坦露心声，接受教育。

这种能力可以让孩子感觉到自己被接纳、被理解、被尊重，从而让双方相处起来更加放松和满足，有益于进一步理解和沟通。也能促进孩子的自我表达和自我探索，从而达到更深入的沟通，让父母在和孩子非常亲密的状态下，更准确地把握和理解对方的情绪和情感。

共情是一种正面积极的能力，有助于建立健康的亲子关系，对孩子的发展爱心、帮助他人、合作尊重、善解人意有着积极的影响。拥有共情能力的人可以更好地融入社会和集体环境中，不容易和别人发生冲突，也很少出现极端行为，能够跟他人和平相处，制造出一种和谐人际关系的氛围。

拥有共情的能力，人会在人际交往方面游刃有余，得到别人的认同、欣赏和尊重，人际交往资源也会随之拓宽。

妈妈因为公司的事情非常着急，在客厅里焦躁不安，额头上都冒出了汗。三岁的果果拿来一把扇子，跑到身边为她扇风，妈妈看向果果："你在做什么呀？"，果果回答："妈妈好像很热。"妈妈顿时心生柔软。

这便是共情的体现。

先教孩子表达自己，再共情

亲子之间的沟通，往往因为孩子尚小，无法清晰表达自己的感情，一些想法和行为会被误解。久而久之，不仅父母无法同孩子产生共情，孩子也无法获得共情的能力。父母在培养孩子的共情能力之前，必须先教孩子认识自己的情绪，表达自己的情绪。

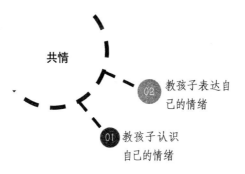

教孩子认识和确认自己的情绪

首先，父母要注意观察，时刻发现。当孩子的情绪产生变化时，可以轻声询问，比如"你现在感觉很不高兴，是吗？"以这种询问的方式，让孩子确认自己此时此刻处于什么情绪之中。

在教孩子确认自己情绪的过程中，父母可以同时陪孩子做游戏、聊天、看书，仔细观察他的反应。当孩子对自己的情绪感觉困惑时，可以及时告知。

父母在孩子出现某些情绪时，要让他明白"父母能够理解你的心情"，比如用"妈妈知道你现在非常着急"来暗示孩子现在是焦急的心情。不要拒绝他的任何情绪，因为这些情绪不论是好是坏，对共情都有很大的帮助。

帮助孩子表达自己的情绪

让孩子准确表达自己的情绪，是亲子之间能够共情的重要一点。孩子的语言表达能力有限，往往不知道如何形容自己的情绪，父母在确认以后，要帮助孩子表达自己的心情。

孩子在有情绪的时候，父母要注意观察他的反应，帮助孩子传达自己的感情色彩。比如，父母可以说："你现在感觉很生气，对吗？"首先确认情绪，接着引导孩子表达情绪，然后再向孩子传递共情的情绪。

平时多鼓励孩子表达自己，比如"你现在有什么情绪？"

"你感觉开心吗？"。让孩子首先能和别人交流，能准确表达自己，父母可以通过为孩子解释情绪的意义来做这件事，让孩子拥有优秀的共情能力。

培养孩子的共情能力

拥有共情能力，能让一个人在人际交往过程中获得他人的尊重和赞赏，对生活、学习、工作具有很大的帮助。培养孩子的共情能力，就是帮助孩子快速成长。

对待脆弱的孩子，父母要先学会共情

很多父母会说，和孩子沟通起来非常困难，孩子不愿意跟他们讨论任何事情，逐渐变得无法沟通，亲子之间的话语越来越少。究其根本是父母常用否定、拒绝、提问、建议、过分同情、逻辑分析等态度来否定孩子，致其不愿意与之沟通。其实，孩子并不是不愿意和父母沟通，而是父母堵住了孩子说话的意愿。

孩子的表达能力有限，很多父母还没等孩子解释和阐述想法，先否定和拒绝，接着便提出各种建议。此时，孩子会下意识地认为父母根本不会在乎自己的感受，会感到困惑、伤心、

愤怒，在不被重视与尊重的谈话中，孩子不愿意继续和父母沟通，沟通便中断了。长此以往，孩子就会产生逃避心理。

举一个简单的例子，楠楠邀请龙龙到家里来玩，玩着玩着，两个小家伙为抢夺一辆小汽车打了起来。

楠楠妈妈阻止楠楠："你是小主人，应该让着客人。"

楠楠却哭着说："不对，这个玩具是我的，他得听我的。"

楠楠妈妈又说："是你主动邀请楠楠到家里来玩的，你不让着客人，以后人家就不来玩了。"

这一下让楠楠的反应更大了，他生气地说："不玩就不玩。"边说边用手推搡龙龙。

楠楠妈妈也生气了，使劲推了儿子一下，说："你这孩子毫不讲理！妈妈不理你了！"

楠楠委屈地说："不理就不理。"接着跑回房间，关上房门，一个人在房间里哭。

楠楠妈妈觉得很尴尬，向龙龙和他的妈妈道歉："孩子不懂事，龙龙别计较。"

龙龙妈妈连忙说："龙龙也有不对的地方。"转身训斥儿子，"你抢什么抢！现在谁也玩不成了吧。"

龙龙也很不服气："是我先拿到小汽车的。"

龙龙妈妈生气地说："不许狡辩！谁先拿到手就是谁的吗？你们不能一起玩吗！"

龙龙受到批评，小脸很不好看，一场聚会不欢而散。

由以上例子可以看出，两个妈妈的做法都不算明智，不仅当众批评了孩子，还没有做到与小孩共情。她们以大人的成熟思维方式去处理孩子之间的问题，导致两个小孩都没有合理地抒发情绪。

这样的例子并不少，因为在一般情况下，父母都会认为，不管发生了什么事情，有什么理由，发脾气总归不好，有话可以好好说，有问题可以好好解决，发脾气不但没有用处，还会把事情搞得更糟糕。于是，孩子发脾气的时候，父母首先会教育批评孩子，再耐心地讲道理，好让孩子明白自己错在哪，争取以后不要再犯同样的错误。

事实上这种方式不但效果不好，而且也让孩子不知道自己哪里有错，更不会承认错误，下次还会再出现此类问题。父母没有意识到在和孩子讲道理之前要先关心孩子的感受，即缺乏共情。

孩子的想法往往不成熟，需要正面引导，由于他们年纪尚小，不仅不会自己主动向父母倾诉和咨询，更不知道如何表达，或者表达不出来。因此，他们的共情能力远远小于成年人，只能自己默默承受着心理压力。

发脾气的孩子情绪非常脆弱，他们的内心冲突和困惑的感受比不爱发脾气的孩子更强烈，承受的心理压力也更大，他们更需要父母设身处地地理解自己，需要父母的安抚与帮助，结果却是常常受到批评与责备。

从表面上看，批评和压力也许能让孩子立刻平静下来，却仍然加速了内心的矛盾和困惑。此时，孩子不能完全信服父母讲的道理，没有解开的心结会一直潜伏于意识深处，成为控制孩子情绪的一种潜意识。

与孩子共情，父母就不会觉得孩子是在无理取闹，也不会认为孩子的事情无足轻重。同样，得到父母共情的孩子也会觉得自己的事情和情绪被父母接纳和理解，自己得到了尊重，对父母的安全感和依赖感就有了提升。

在这样的前提下，孩子能够平静下来，由于情绪或惊吓而引起的不理智就能得到缓解，回到正常状态上，跟父母的沟通才能有进一步的发展。

回到上述案例，当楠楠和龙龙发生冲突的时候，正确的做法应该是这样的：

楠楠的妈妈首先应该先蹲下来看着孩子，让孩子感觉和自己没有差别，接着询问楠楠，帮助他说出心里话，比如"你和龙龙都喜欢这个小汽车是吗？"然后仔细观察，看看他有没有认可你的观点。

如果孩子没有异议，可以进一步交流，比如"如果他拿到了小汽车，但是你没有拿到，你会不高兴是吗？""如果你拿到了小汽车，他会不会不高兴？""如果龙龙不高兴了，他还愿意玩儿吗？""如果他不愿意玩了，你会不会依然高兴地玩？""你认为是拿到小汽车重要，还是和龙龙开心地玩重要？"等等。

在整个沟通过程中，妈妈首先对楠楠的"喜欢小汽车"和"得到小汽车就开心"的情绪进行了共情，楠楠的情绪得到了化解，这种化解是孩子自身领悟的，并不是强行灌输给他的。

此种方式更贴近孩子的思维模式，给予了被理解的感觉，令其更容易听进父母的管教。

父母站在孩子的角度思考问题并做到共情，这也是破解孩子心理问题的重要手段。

某一天早晨去幼儿园之前，美美突然对爸爸说："爸爸，我不想去上幼儿园。"爸爸随即问为什么，美美说："因为幼儿园每天早晨要做操，我不喜欢做操。"

爸爸并没有把美美的情绪放在心上，而是拿过小书包为她背好，说："做操是幼儿园小朋友们必须做的事情，你不做是不对的，不喜欢也没办法。"美美只好去幼儿园。

爸爸以为事情就此过去，可是没过多久，美美一到上幼儿园的时间就说自己不舒服。几次下来，爸爸非常担心，便带美美去医院，却被医生告知孩子并没有生病。此时，爸爸问美美是不是不想去上幼儿园才假装生病？美美承认了，但无论爸爸再怎么询问，她都不愿意说出原因。

事实上，美美不太会做操，总是跟不上节拍，看到其他小朋友都做得很好，她觉得难为情，害怕小朋友们嘲笑自己。在她想和爸爸倾诉时，爸爸却没有重视，自然而然地，做操变成了美美一个沉重的负担。

其实，爸爸可以在美美倾诉的时候，轻声询问她不想做操的原因。比如："你为什么不喜欢做操，可以跟爸爸说说你的想法吗？"

如果她说出了自己的情绪，爸爸可以先安慰再引导，比如

"我知道你做不好很着急，换做是我，我也会很着急""如果父母多陪你练习，是不是能够好一点？"接下来，孩子就愿意和爸爸沟通了。

站在孩子的角度，去分析孩子对于某些事情会产生强烈抵触情绪的原因，这让他们更愿意将自己的心事分享给家长。

培养孩子的共情能力

在现代社会中，父母要让孩子认识到共情的重要性，培养他们的共情能力，让他们用实际行动去帮助别人。

共情能力一直被国人所看重，早在春秋时期，孔子就提出了"己所不欲，勿施于人"这样类似共情的概念。那么，父母应该如何培养孩子的共情能力呢？

孩子的共情能力早在婴儿时期就处于萌芽状态，宝宝们1~2岁时便可以理解周围人的表情和情绪。看到爸爸妈妈笑，宝宝也会笑，看到别的小朋友哭，宝宝也会觉得难过。这个时候，孩子已经有了共情心理的基础，只是还不能把自己的心情转化成行为和语言表达出来。

研究表明，孩子在4~5岁时，能够理解自己的想法可能和他人不同，也能够从他人的想法出发去理解和预测别人的行为。在此期间，孩子们就逐渐学会如何用行为表达自己的想法了。

到了小学的中后期，孩子们开始对困境中的陌生人产生共情，比如看到电视中的战争和灾害场景时，会对难民产生共情心理。

父母可以对孩子进行针对性的培养，先从帮助孩子理解他人的情绪开始。

当孩子表现出对别人的理解，比如因为看到他人的成功自己也感到高兴，父母可以用语言来表达对孩子的肯定，比如"你看到他赢得了比赛，你也为他感到高兴，这非常好。"

当孩子自己受到挫折，父母也要及时安慰，让孩子感受到父母能够理解自己是一件好事情。

在人际互动中，约有65%的信息是以非语言的形式传递的，想要让孩子准确体验和理解他人的感受和目的，平时就要培养他观察的习惯。

度过了看到别人难过而难过的阶段，父母可以引导孩子把重点转移到对行为的理解上，学会从别人的动作、言语和表情上理解对方的想法和情绪，通过了解对方的动机而更好地去理解他们的行为。

比如每次陪孩子看电视、电影时，你可以告诉孩子："爸爸妈妈和你一起想象一下，主角有什么感受？"让孩子先观察，那个人是开心还是伤心，是微笑还是皱眉，让孩子知道学会感受他人的情绪就是共情的开始，并且鼓励孩子分享自己的情绪，也可以从描写情绪的词汇入手，这样有助于孩子提高情绪敏感度。

父母在和孩子聊天的时候，多注意强调因果关系，比如别人做出某些行为的原因，或者哪些行为会影响到情绪等等。

　　有些父母遇到孩子做错事时，首先批评孩子，比如"你怎么能这么说话？这么没有礼貌？"。这是错误的做法，它会直接告诉孩子这么做是不对的，却不利于培养孩子的共情能力。

　　恰当的做法应该是先从孩子的角度去理解孩子这么做的理由，再去解释别人都是怎么做的，这样做会对别人造成什么影响。然后慢慢引导孩子去思考——如果别人对自己做了这样的事，自己是什么心情，会怎么想，有什么反应。最后帮助孩子找到解决的办法，比如向对方道歉，或者下次再遇到这样的事情应该如何处理等等。

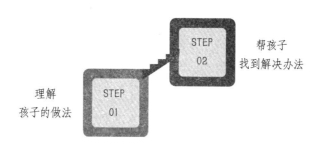

让孩子脱离自我中心

　　人在儿童时期总是以自我为中心，认为自己像是发光的太阳，是世界的中心，世上万物都是为他而生，并且为他运转发展。自我中心是儿童早期自我意识发展的一个必然阶段，新生儿处于蒙昧未开的状态，没有客我之分，他们吮吸自己的手跟吮吸其他东西没什么两样。

　　大约到了3岁左右，孩子的自我意识开始萌芽。在反复听到喊自己的名字后，他们开始以此为线索，把自己和他人及外界事物区分开来。往后，随着年龄的增长，孩子会发现人类是群居动物，具有社会性，便开始了解个体与他人的关系，开始渐渐摆脱自我中心。

　　2~3的时候，孩子开始使用"我要""我有"和"我的"等带有第一人称的代名词。此时，自我意识发展到自我中心阶段。在此阶段，孩子以自我为中心观察世界，认为周围的人和事物都跟自己密切相关。他们往往会从"自我"角度来进行行为选择和活动设计，而不去考虑他人，很多实验证明了这一特点。

　　随着交往活动的增加和对"社会"的逐步认识，孩子逐渐有了"他人"意识，进而逐渐认识自我和他人的关系。到了4~5岁，孩子不仅能够理解自己的行为会带来什么影响，而且进一步理解到自己的行为会给周围人带来什么影响。此时，我们可以看到儿童愿意为了集体活动的成功而付诸行动。

　　可以说，"自我中心"人人都有，只是程度和发展速度上存在着个体差异。如果自我倾向过于严重，或到了4~5岁、6~7岁，还停滞在自我中心阶段，这就成了问题。平时所说的某某孩子的自我中心即指此类现象，这是高级心理机能发展不充分的结果。这种孩子往往把注意力过分集中于自己的需求和利益上，不能采纳不同意见。对于与自己认识不一致的信息，全然不能接受。因为他不懂得，除了自己的观点之外，还可以

有别人的观点，他认为别人的心理活动和自己的心理活动完全
一样。

很多孩子从小备受宠爱，这样很不利于孩子的成长。父母
一定要客观看待孩子，不要认为孩子还小就去纵容和宠溺，必
须让孩子意识到自己虽然小，却要对自己的所作所为负责，并
让孩子理解一点：不是所有人都是他的依靠。

比如，当孩子和爷爷奶奶、外公外婆一起玩的时候，如
果孩子指使长辈做事，并且表现出长辈是理所应当为自己做
事的时候，一定要及时制止，不能让孩子自我中心的想法任意
滋长。

在共情能力的培养上，父母一定要记得，当孩子表现出对
他人的共情应当实施奖励，尤其是情感上的奖励。对于孩子来
说，那要比物质上的奖励要好得多。

同时，纯物质的奖励也会降低孩子的感受力，令其过于
专注奖励本身。情感或语言层面的奖励则会强化孩子的情感体
验，帮助孩子喜欢这种感受，从而促使孩子更积极地去表现共
情能力。

自我中心的形成往往与父母不恰当的教养方式有关，帮助
孩子走出自我中心，父母需要学习并采取科学的教养方式。在
正确认识孩子自我意识发展规律的基础上，父母应从以下几个
方面去努力，以促进孩子自我意识的健康发展：

1.转移家庭注意的焦点

现代家庭多数是独生子女，孩子自然会受到更多的关怀与

爱护。外公外婆、爷爷奶奶，再加上爸爸妈妈，六个人的注意力全集中于一个孩子身上。

家长对子女的爱与保护要有一个度，不能变成溺爱。溺爱会强化孩子的自我中心意识，让孩子认为自己是世界的中心，长辈们理所当然地应该围着自己转，满足自己的一切要求。

实践证明，只有注意培养孩子的"独立"人格，才能令其身心健康。为了避免孩子的自我中心意识，家长应该有意识地转移家庭注意的焦点，把孩子视为一个独立的人，一个与其他家庭成员平等的人。唯有如此，才能让孩子正确地认识自己，也看到别人。

2.运用移情方法

即引导孩子设身处地地考虑别人。例如，一对父母带着孩子去拜访朋友，朋友家的孩子正在吃香蕉。朋友就叫自己的孩子拿一个香蕉对方吃，但是孩子不肯。朋友耐心地开导："小朋友到我们家来玩，我们应该好好地招待人家。如果你去别的小朋友家玩，人家只顾自己吃东西而不给你吃，你会高兴吗？"孩子说："不高兴"。朋友接着说："对呀，所以我们要给小朋友吃，他才会高兴呀。"

通过一个比较，朋友家的孩子就愿意拿出香蕉了。可见，孩子走出自我中心，需要父母的引导。家长可以通过讲故事、做游戏和比喻等多种手段，去引导孩子认识他人、理解他人、同情他人，促使孩子从"自我"走向"他人"，由自己想到别人。

3.让孩子多参加集体活动

过度的保护和封闭，会让孩子失去与他人交往的机会，也会让孩子失去认识他人价值的机会。多参加一些集体活动，能让孩子品尝到成功带来的喜悦，体验到与他人合作的意义，从而走出自我的圈子。

第8章

释放孩子的情绪，
缓解孩子的压力

　　根据心理学的相关研究表明，情绪记忆往往比其他记忆更深刻、更牢固。有些事情或许已经淡忘，但是当时的情感仍然鲜活地留存在记忆里，这就是为什么带有情绪的记忆总是挥之不去、难以忘怀。

　　由此可见，情绪记忆与一个人的心理健康有着密不可分的联系，那些患有抑郁症的人在患病初期往往深陷于负面情绪无法自拔。

　　父母应当时刻关注这一方面，减轻或避免负面情绪对孩子造成的伤害。

别让孩子囤积情绪

　　当学习、爱情、事业出现问题，成年人释放压力的常见方式是找朋友倾诉，吐出了苦水，压力自然得到了释放，心情也会变得愉悦。作为孩子生命中最重要的人，在他的成长过程中，父母应当扮演"朋友"的角色。

　　如果孩子在同龄人中找不到能够倾诉的对象，且无法与父母沟通，那么释放压力的渠道便被堵死。结果只会积压压力，产生的问题越来越多，轻则导致孩子暴躁、易怒，重则发展成自闭症、抑郁症。

什么是情绪

　　情绪是人对客观事物是否符合自己需要所产生的态度体验，这是一种主观感受，不管是喜悦、愤怒，还是焦急、无聊，都是一种内心活动。

　　人们内心的情绪可以通过外部的表现和变化看出来，比如表情。情绪会引起生理上的一定变化，不同的情绪产生的变化也不同。

情绪心理学认为，人的情绪受环境刺激、生理状态和认知过程的影响，其中最重要的一个影响因素是认知过程。

情绪分为基础情绪和复杂情绪两部分。孩子对父母的情绪多为依恋，这是他在最早期和父母之间形成的情绪，即基础情绪，它对孩子的认知发展和社会性发展有着重要影响。

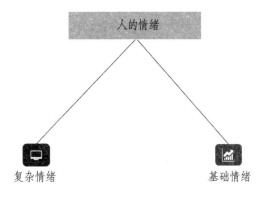

随着孩子年龄的增长，情绪也会逐渐变得丰富。不知不觉中，孩子的情绪会像成人一样丰满，并产生复杂情绪。此时，父母要警惕起来，因为孩子不仅会产生积极情绪，也会产生消极的负面情绪，负面情绪的堆积对其成长过程具有极大的影响。

负面情绪堆积的诟病

现代社会是一个飞速发展的社会，人们的生活节奏很快，每个人都难免产生压力和负面情绪，孩子也是如此。

悠悠是一个活泼开朗的女孩，很喜欢画画，上幼儿园时，她画的画经常受到老师的表扬，同学们都觉得悠悠很厉害。悠悠的爸爸是一位小提琴老师，一心想让女儿学拉小提琴。听话的悠悠顺着爸爸的意愿学了几年，可是最近，只要一提起练琴，她就不再说话，整个人也变得沉闷，不愿意和别人交流。爸爸问怎么了，她只是说没什么。

妈妈非常担心，带悠悠去看心理医生，医生说孩子患上了抑郁症。

由上述例子可见，负面情绪堆积起来会对孩子的身体和心灵造成严重的伤害。即使再小的孩子也会受到各种情绪的影响，负面情绪的囤积大多是因为有心结又不知道如何解决，这就需要父母时常关注孩子的情绪变化。

父母应该时刻关注孩子的动向，注意孩子的表情变化，不仅是烦闷急躁的表情，还有喜悦的表情，都应当注意。如果发现平时积极乐观、爱说爱笑的孩子突然变得郁郁寡欢，一定要及时沟通，和他一起分析事情的原因，帮助他从负面情绪中走出来。当然，父母更要帮助孩子学习如何发泄情绪，缓解压力，舒缓心情。

让孩子认识情绪

情绪是与生俱来的，人从呱呱坠地的那一刻就会哭、会笑，会用表情和反应来表达情绪，教孩子处理自己情绪的第一步就是教他认识自己的情绪。

当孩子产生各种情绪时，父母要告诉他此刻是哪一种情绪。很多父母意识到让孩子说出自己情绪的感觉很重要，当孩子产生负面情绪时先让他冷静下来，之后再和他交流刚才的感受才是最好的选择。

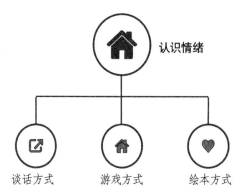

　　孩子对情绪的认识越全面，越能表达出自己的情绪，认识情绪是释放和处理情绪的开始。只有当孩子开始表达自己的情绪，父母才能够帮助他化解情绪。帮助孩子认识情绪，父母可以从三种方式入手：谈话方式、游戏方式、绘本方式。

通过谈话让孩子认知情绪

　　谈话是最基本的沟通方式，在日常生活中，通过谈话交流信息的方式最为常见。对于孩子来说，很多学习的方式可能会让他感到不适应，或者太难理解，那么最简单的一种即是谈话。

　　通过和孩子之间的交谈，父母可以让他试着说出此时的内心感受。一种方法是直接告诉孩子现在是什么情绪，比如"你紧紧攥着拳头，很生气"，让他慢慢体会这是生气的情绪，并用语言去描述。

　　另一种方法是，当父母平时因为其他事情而产生情绪的时候，可以借此机会引导孩子，比如和他说："爸爸很高兴，因为……"或者"我现在有点伤心"。父母首先向孩子表达此时此刻的心情和感受，之后再解释产生这种情绪的原因，好让孩子知道原来人会产生那么多情绪，而这些情绪源于某一种对应的感情。

　　等到孩子出现类似情绪，他就会知道自己现在是什么情绪，也能想起父母应对此类情绪的方法，继而有效化解自己的情绪。

通过游戏让孩子认识情绪

以游戏的方式来教孩子认识情绪、理解情绪，也是一种不错的方法。有时，说教并不能让孩子完全感同身受，游戏是孩子能最快接受的一种方式。

通过扮演角色、讲故事的方式，能够让孩子体会到角色在故事过程中情绪的变化，以及产生情绪的原因，让孩子从故事情节中感受别人的情绪，或领悟自己的情绪。

比如，和孩子一起做游戏，让孩子体会成功带来的喜悦和失败带来的不甘等情绪。

父母要让孩子懂得，无论积极情绪还是消极情绪都会影响他人，自己的积极情绪会使别人变得快乐，自己的消极情绪会使别人感到难过。

孩子需要时间揣摩各种情绪的感受，也需要时间清晰表达自己的感受，如果孩子正处于某种情绪中，父母要直截了当地阐述他当下的情绪。通过游戏认知情绪，寓教于乐，能够让孩子更直观地感受到正面情绪与负面情绪所带来的影响。

通过绘本让孩子认识情绪

与生硬的语言相比，图画对孩子的吸引力更大，记忆也更深刻。对于孩子来说，看绘本是一种非常直观的学习情绪的方式，通过绘本中的一些故事，孩子能够轻易理解怎样的表情、怎样的情景代表着怎样的情绪。

　　比如，父母让孩子看着绘本上的图，告诉他图上的小朋友本来很生气，后来情绪变好了，是因为什么原因排解了情绪等等，用这种看图的形式去教孩子认识情绪、学习情绪。

接纳孩子的情绪，从自身做起

上文中说，孩子的情绪不是因为捣乱而生发，是自然流露出来的，于是情绪的接纳就变得非常重要。接纳的基础是理解，父母若懂得孩子的情绪是一种自然表现，孩子自己也无法自控，就不会那么排斥了，这是正确应对的第一步。

接纳是接受现实，却不能仅限于此，改变并非瞬间完成，而是需要一个过程。成年人需要一些时间去改变和适应，孩子也同样如此。

父母先控制好自己的情绪

孩子流露出负面情绪，往往是一种特殊的表达方式。一些父母在看到孩子发泄负面情绪（如愤怒、不甘等）时会非常焦躁，为了阻止孩子发泄，自己也常常变得很不冷静。

当孩子哭闹时，很多父母的第一反应是"为什么你又开始哭""你什么时候才能学会……""我为你付出这么多你都不知道感谢……""你凭什么……你知不知道我多么辛苦"父母会变得很激动，情绪处于亢奋状态，容易说错很多或做错很多，对孩子的影响更大。

实际上，这些言语间接否认了孩子的情绪，助长孩子压抑负面情绪。看到因为自己释放不良情绪而急躁的父母，孩子不仅不敢宣泄自己的情绪，而且会因为父母也产生负面情绪更加自责和压抑，这通常会发展成为双向负担。

面对孩子的负面情绪，父母首先要冷静下来。由于太生气，父母经常会在孩子表达负面情绪时予以否认和责备，这只会让孩子只看到你的情绪而忽略你说的话。

比如孩子和好朋友吵架，难过得哭了，如果父母此时立刻责备："不许哭了！"，他就会把注意力从"和好朋友吵架"转移到"爸爸生气了"上，认为"哭"导致了爸爸生气，从而更压抑自己的情绪，再也听不进去教导。这会丧失一个教孩子学习处理问题的机会，也容易让孩子产生很多不必要的自责和内疚。

某一天，5岁的朵朵在家里不小心摔碎了一个杯子，刚刚擦干净地板的妈妈怒火中烧，责备朵朵不懂事，对着她大吼大叫。朵朵本来就因为杯子碎了而不知道该怎么办，此刻由于妈妈的愤怒而变得更加不知所措，呆呆地愣在原地一动不动，甚至忘记避开碎掉的玻璃碴。见此情景，妈妈越发生气……

面对父母的批评和吼叫，孩子不但没有立刻改正反而怔住了。这是因为父母的责骂让孩子感觉到害怕，第一反应不是思考自己哪里做错了，而是被父母的反应吓到了。

此时，傻站着的孩子往往会引起父母更大的不满，于是变本加厉地责备，孩子还没意识到真正的错误就被对方的反应搅乱了。反复几次，孩子意识不到真正的问题出在哪里，更容易产生错误的自责。

孩子做错了事情，父母应当先控制好自己的情绪：其一，相信只要以正确的方向教育和引导，孩子就能出类拔萃；其二，意识到自己在教育上的不足，正视孩子所呈现出来的情绪状态，应该多想想如何提高自己的教育能力，如何更正确地教育孩子，这比一味地命令孩子要有效得多。

如果实在没能控制住自己的情绪，当场责备了孩子，父母应当记得冷静下来后向孩子道歉，不要让他失去安全感。有的父母说："孩子出言不逊，非常不礼貌，我很生气就打了他，他反而变本加厉，完全不听我的话。"像此类情况就是由父母情绪失控导致，如果父母能够平静地讲清楚道理，孩子很快会明白自己哪里做错了，也不会产生反抗的心理。

如果父母正因为其他事情被负面情绪困扰，要告诉孩子自己的情绪不稳定，等调整好心情再继续沟通。如此处理，孩子也会学着当负面情绪来临时先冷静下来消化，不会认为有负面情绪是不好的。

由此可见，父母管理好自己的情绪，为孩子起到示范作用，对孩子在成长过程中理性控制自身的情绪更有帮助。

以下几条建议，可以帮助父母学着做个理性的爸爸妈妈。

1.定期反省自己的脾气

发现收不住时，定期反省很有效。找一些关键的点，发现自己每天什么时候最容易发火，起床以后的起床气？还是上了一天班回来以后？

发现自己最可能有的爆点，适当提醒自己收敛，不仅可以自己反省，还可以让孩子参与到解决问题的过程中。比如，"每天下班回来看到客厅里一团糟，玩具衣服乱扔，妈妈很恼火，你觉得怎么样可以让事情变得好一些？"通过这样直接去问孩子，能让孩子意识到自己的问题，并找出改进方法。

2.减少婚姻的口角

在彼此都平静的当口，你和配偶应该达成一个共识：发生争吵的时候，或是彼此最抓狂的那个瞬间，给出一个双方都知道的信号，来告知对方自己已经达到极限了。

当觉得自己快要崩溃时马上走开，避免矛盾扩大，并且把信号告诉对方，今天的事情以后再私下聊，不要当着小孩的面吵架。

3.用"回忆"点缀房间

生活最美好的部分最值得回忆，可以将一部分"回忆"呈现出来。比如，用旅行照片装饰墙面，把孩子出生时的脚印做成模型，用孩子画的画布置房间……这些其实就是无声的暗示，不要让坏脾气伤害了最珍贵的人。

4.和朋友约饭，和伴侣约会

留一些时间给自己，去做自己喜欢的事，和闺蜜吐槽，和兄弟喝酒打球，和伴侣看电影，或者给自己买一些小礼物等等。这些活动等于给坏情绪制造了各种管道作为出口，心情平静了，不会将负面情绪聚焦在某个点上，不容易震怒，也不会牵动孩子的情绪。

5.健身

大汗淋漓是发泄坏情绪的最佳手段，当身体和精神都处于一个比较好的状态，自然会用积极的心态去面对一切，也容易忍受孩子偶尔为之的焦躁。

6.亲子共读情绪绘本

有一些很优秀的情绪绘本，细腻地讲述了不同情绪对自己的影响，以及每个人如何控制自己的情绪。和孩子一起阅读，可以让孩子明白，每个人都有生气的时候，生气是一种很正常的情绪。

接纳孩子的负面情绪

在心理学上，焦虑、紧张、痛苦、悲伤、沮丧、愤怒等情绪统称为负面情绪。很多孩子在出现负面情绪时，会选择发脾气，父母跟着受到了影响。想要改变这种局面，必须意识到孩子的负面情绪不是错误和不良的，反而是有益的，是孩子认识自我、促进学习和加快成长的大好机会，父母不应该反感而应该接纳。

孩子们在成长过程中，对不同情绪有着不同的理解。他们有负面情绪时，最先想要的不是化解负面情绪，而是父母的接纳，当父母认同了，他们才能敢于表达。如果在孩子情绪不稳定的情况下，父母依然持否定态度，那么结果将会适得其反。

孩子对父母十分信任，安全感也很强，但父母的否定会减少这种信任感。他们会跟着否定自己的情绪，变得很不自信，并开始质疑自己。

玩具坏了或橡皮丢了，孩子会觉得很难过，而父母通常觉得这是很幼稚的情绪表现。但要知道，孩子的世界本就十分单纯，影响自己情绪的事情与大人也有所不同。父母应该理解一点：只要能让孩子产生情绪，说明此事在他心里很重要，应当尊重和接纳，而不应该否定或无视。

面对这种情况，父母的正确处理方式是接受孩子因为丢失心爱的玩具而产生的伤心情绪，并认同这种情绪的正确性，对孩子说"我能够理解你失去'朋友'的伤心，我也曾经因为丢掉喜爱的东西而难过"，然后引导孩子体会痛苦情绪，教导他保管好自己的物品。

有了父母的认同，孩子将学会接纳自己的负面情绪，学会慢慢消化并自我调节。久而久之，孩子会更加积极向上，处理负面情绪也会更加得当。

以共情理解孩子的情绪

上文已经对共情进行了讲解，在理解孩子的情绪方面同样需要共情。实际上，做到这一点很难，因为父母都有自己的一套思维方式，不容易准确而快速地感受对方的情绪。共情需要父母降低自己的心理年龄，追溯到人生的起点，根据孩子的成长经历、处事方式、理解能力、性格因素等方面，去尝试理解孩子的想法，感受孩子的情绪变化。

在向他人倾诉的过程中，认同和理解往往比接受建议更加重要。很多时候，倾诉并非为了获得建议，而是为了获得认同感。孩子也是如此。

当孩子跑过来和父母说他和同学吵架时，他真正想要获得的并不是父母帮忙分析原因，而是希望父母能够支持自己，并理解自己的感受。当孩子向父母说自己摔倒流血时，他真正想听到的并不是"伤得不严重"，而是一句来自父母的安慰与关心，即使自己觉得没有多痛。

与孩子共情，父母就会慢慢理解孩子不是无理取闹，也不会认为孩子的事是鸡毛蒜皮的小事，可以置之不理。同样，孩子得到了共情，认为父母能够理解自己，能够懂得自己的心情。他感觉得到了尊重和接纳，对父母的信任感和安全感将大幅度提升，也因此更加认同自己、认同家庭。

父母想要做到共情，做到站在孩子的角度去思考问题并非易事。

共情不是简单的一句"我能理解你"之后转折为"但你这样做是错的"就能够做到的。即便孩子表示自己能够理解父母所说的道理，也并不代表他真的接受了这些道理，此时的认同往往是因为孩子厌烦了"大道理"。共情是让父母与孩子之间产生共鸣，让孩子感受到自己的情绪是正常的，是有意义的，并能受到他人的关注。否则，所谓的"讲道理"式共情没有任何意义。

父母可以尝试下面几种处理方式：

（1）当孩子产生负面情绪时，父母可以直接说出孩子现在的情绪，"你好像不太高兴，是什么事让你这么伤心？""你生气了，什么事情让你这么生气呢？"以此作为处理孩子情绪的第一步，这样的语言能够告诉孩子"你的情绪我关注到了"。

（2）当孩子不愿意表达自己的情绪时，父母应当思考各种原因，并用温和的语言进行引导，例如："你现在觉得很糟糕，是因为玩具坏掉了吗？""你认为这样做不礼貌所以很自责，是吗？""你可以告诉我不开心的原因是什么吗？"以这种引导的形式，让孩子说出内心的想法。

（3）孩子愿意和父母分享心情，证明父母的共情产生了作用。此时父母应该用贴近孩子的思维方式去表达，例如："我完全能够理解你的心情，如果是我也会很难过。""既然事情已经发生了，那么我们和你一起来思考对策吧！"这会让孩子感受到关切与支持，更愿意和父母交流心情，以后遇到困难也更愿意和父母商量。

为情绪找到正确的宣泄方式

　　忍耐和克制往往不是处理情绪的最好方法，当负面情绪产生时，适当的宣泄对于释放情绪十分有效。孩子产生负面情绪时，如果父母堵住孩子发泄情绪的出口，一味强调让其消化不良情绪，孩子的坏情绪得不到疏解，会导致负面情绪的堆积。宣泄情绪最重要的三点是：不打断孩子的情绪，正确宣泄情绪，成功转移情绪。

不打断孩子的情绪宣泄

　　很多父母在孩子哭闹时试图阻止，或者选择用各种方式打断孩子发泄情感，其实这是一种典型的错误方法。

　　事实上，情绪发泄可以降低人的紧张程度，改变人体内部环境，这就是为什么人们大哭一场之后会觉得很痛快。

　　孩子堆积了负面情绪，选择哭闹来宣泄情绪，虽然宣泄方式不妥，却仍是一种发泄形式。此时，父母应该让孩子尽情宣泄，等待孩子用哭闹的方式排解掉心里的委屈。打断孩子的情绪，常会引起孩子的反感，这就是为什么一些孩子"越劝越哭闹"的原因。

举一个简单的例子，遥控汽车坏了，孩子伤心地哭了，父母不应该打断他，而应该让他尽情哭泣。当孩子的情绪稳定下来，父母可以再进行疏导，"妈妈来想想怎么办……""这个遥控汽车不动了，也许是遥控器的电池没电了""看看能不能把它修好""爸爸可以把它当做汽车模型摆在架子上观赏"。

孩子发觉自己的哭闹并不能解决问题，此时若得到父母的认同，他首先会慢慢平复心情，随后冷静下来分析原因，寻找解决方式，而不是一味哭闹。当孩子开始思考对策的时候，情绪自然得到了排解。

引导孩子恰当地宣泄情绪

孩子哭闹、打人、摔东西是错误的负面情绪表达方式，父母应该通过正确的方式进行引导，让孩子想一想用什么方法来正确表达自己的负面情绪，让他找到一个最适合自己的情绪表达方式，并且告诉孩子，情绪没有好坏之分，表达情绪的方式却有好有坏。长此以往，孩子便能意识到怎样的表达方式是理性的，怎样的表达方式是错误的。

在产生负面情绪后，一部分孩子习惯采取打人、摔东西等暴力宣泄模式。

比如，孩子和同学发生争执，不仅打伤了同学，回家后还胡乱摔东西，情绪十分激动。此时，父母可以这样疏导："同学抢了你的笔，我知道你很生气，你可以告诉他不应该随便拿走我的东西，要先征求我的同意，也可以要求他向你道歉，但你不能出手打他，这是伤害别人的行为，是不对的。所以，在他向你道歉之后，你也要向他道歉。而且，打砸物品不是解决问题的最佳方式，你还有其他更好的方式。"

父母的疏导能够给孩子带来安全感，也能让他反思自己的行为，并逐渐意识到打人、砸东西的发泄方式是错误的。

在产生负面情绪后，一部分孩子习惯采取哭闹的宣泄方式。

孩子哭起来没完没了，令父母十分头疼。这样的孩子比较感性，需要培养他的理性一面。

父母可以采取不理睬的方式，等孩子哭够了、哭累了平静一点的时候再去交流。同时，父母要尝试让孩子用语言去表达不满或愤怒。如果孩子放弃哭闹，改为用语言表达情绪，父母可以立刻答应他的要求，让他意识到语言表达比哭闹有效得多。

在孩子平静的时候，父母要和孩子多多交谈，让他明白哭闹会影响别人的情绪，会给别人带来困扰。

对于用不恰当方式表达情绪的孩子，除了言语上的引导，父母还可以劝说哭闹中的孩子尝试深呼吸，并让孩子养成情绪激动时深呼吸的习惯，以保持头脑冷静，不会遇事冲动。

平时的生活当中，父母应该为孩子树立榜样，让孩子养成自我调节情绪的好习惯。孩子出现负面情绪时，父母也可以适时地提醒一句"你现在有负面情绪"，让孩子努力做好自我调节。

用兴趣爱好转移负面情绪

兴趣爱好不仅可以陶冶身心、休闲益智，而且能有效排解负面情绪。父母可以让孩子积极调动身体，随着肢体和大脑的活动来排解情绪，也可以通过培养兴趣爱好来转移负面情绪，让孩子忘记困扰自己的负面情绪。

兴趣爱好可以让心情沉淀，当全身心投入做一件事时，孩子会变得非常专注，忘记了时间的流逝，忘记了先前的负面情绪。

一个舞蹈演员讲述演出时的感受："我全神贯注地投入其中，不去想任何别的事情……我的能量在慢慢流动，觉得全身

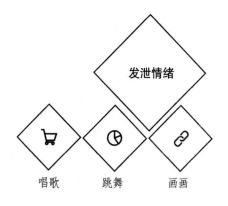

都在放松，并且充满了力量。"

匈牙利心理学家米哈创造了一个词"Flow"，可译为"心流""意识流"或者"沉浸"。这是一种将个人心力完全投注于某种活动上的感觉，当Flow产生时，人会有高度的兴奋感及充实感，也可称为酣畅感。

孩子在玩游戏时就会产生这样的酣畅感，当他全神贯注深入其中时往往会忘记身边的事物，同样也会忘记自身的负面情绪。

父母应该认真思考怎样为孩子培养一种兴趣爱好，放任自流或者威逼利诱都不是上策。在选择兴趣、培养兴趣的过程中，最重要的是带孩子挖掘属于自己的兴趣爱好，切记不要从一开始就让孩子接触较难的事情，避免他因为困难而失去了兴致。

培养兴趣是一个循序渐进的过程，不必一蹴而就。只要孩子能够找到转移注意力的兴趣爱好，并且乐于将全身精力放入其中，便能有效地排解负面情绪。即使后来出现不良情绪，也可以找到转移的途径。

如何转移负面情绪，对父母和孩子来说都是一个大难题。父母应该多往好的方面想，以正确的方式去引导和转移孩子的负面情绪，孩子才能健康成长。

第9章
心理健康很重要，
培养孩子的阳光心态

　　孩子内心是否快乐，很大程度上取决于他能否战胜困难，与别人相处得如何，以及他对待世界的态度。

　　无论在什么样的环境下，内在的智慧和力量都会让孩子保持快乐。

悲观，让孩子变得"不幸"

"你幸福吗？"这个问题虽然有点"矫情"，但无论在哪个国家，都是人们最感兴趣的话题之一。

美国心理学会主席提出：培养乐观阳光的孩子，其实是有方法可循的，只有阳光乐观的孩子才能幸福，悲观只会让孩子变得唯唯诺诺。

不恰当的教养方式让孩子变得悲观

父母的教养方式很大程度决定了孩子的性格，采用不恰当的方式教育孩子，导致的后果比较严重，极有可能让孩子变得悲观。

举一个例子，弟弟想要模仿姐姐搭积木，可是姐姐的动作太快了，弟弟怎么赶也赶不上。每一次看到姐姐完成就将积木一把推倒，这个男孩生气又沮丧，爸爸上前试图安慰。

爸爸说："你搭得太棒了，我喜欢你搭的房子，你是最好的建筑工程师。"儿子说："才不是，我做得很差，我就是个笨蛋，从来就没有做对过一件事。"

爸爸说："这不是真的，只要你拿定主意，什么事都能做成。让我帮你做吧，来搭一栋漂亮的高楼，它将是世界上最高的建筑，而且是属于你的。"儿子说："好吧，帮我搭一个，我搭的从来都没有成功。"

爸爸十分疼爱孩子，但他在整个过程中犯下了三个错误：第一，过于夸大儿子的能力；第二，为了让孩子高兴，主动帮孩子做了一个现阶段自己没有能力完成的东西；第三，也是最严重的错误，没有对儿子解释失败的原因提出反证。儿子从最糟糕的方面来看待挫折，他不仅坚信这种悲观的原因，并且用消极的方式应对，爸爸却没有意识到这种悲观对于孩子的伤害。

从本质上说悲观是一种心灵防护方式，这种方式具有毁灭性的后果，包括情绪沮丧、退缩、较低的成就感，甚至不健康的身体。经过研究，悲观的来源主要有四个：一是基因，二是父母的悲观，三是从父母、老师或教练那里得来的悲观性批评，四是征服和无助的经验。

如果孩子觉得忧伤，这属于自尊中的感觉层面，如果孩子觉得自己无价值，就反映出他与现实世界交往存在的困难。

父母需要的不是鼓励儿童"感觉满意"，而是教导他们"表现满意"，即不要着重缓解情绪。因为刻意缓和心情沮丧，会让孩子更难感觉满意，帮助孩子逃脱失败的感觉会让孩子更难得到征服感，鼓励廉价的成功，会付出昂贵的代价。父母最应该要做的是告诉孩子怎样做才能走出无助的情绪，找到发自内心的快乐。

不仅如此，父母平时在和孩子聊天的时候，分享自己工作和生活琐事的时候，也要注意给孩子积极的暗示——坏事情归因于暂时性的原因，好事情归因于永久性的原因。这样一来，孩子也能元气满满，形成一种积极的思维方式，而不是总是埋怨自己。

乐观孩子和悲观孩子的想法大不一样

马丁教授在《教出乐观孩子》一书中谈到："盲目的乐观是空虚的，真正的乐观能教会孩子认识自己。它虽然不是灵丹妙药——取代不了父母的好教养，取代不了孩子已经形成的强烈道德观，但它依然是一种强有力的工具，让孩子永远保持对自己、对世界的好奇。"

在过去的二十年里，科学家做了一千多项研究，接触了50万个成人和孩子。最后的研究结果表明，悲观的人相较乐观的人，起码在以下三个方面表现明显：

（1）他们时常容易沮丧；

（2）他们在学校、工作以及赛场上所获得的成绩，都低于所具有的潜在能力；

（3）他们的身体状况比乐观的人差。

事实上，乐观也好悲观也罢，都是人们对事物成因的看法。当一件好事发生在人们身上，人们会不由自主地去解释事情为什么会发生，孩子也是一样的心理。

比如，当坏事发生时，悲观的孩子会把特殊情况当成普遍现象，乐观的孩子能够就事论事，把坏事当特殊情况来看待。

在悲观的孩子看来，所有的老师都不公平，认为自己笨手笨脚，得不到任何人的喜欢。同样的情况下，乐观的孩子会认为老师不公平是因为自己这件事做得不好，但自己擅长其他事情，这位老师不喜欢自己，会有其他老师喜欢自己。

面对好事时，两类孩子的想法也截然不同。

比如，数学考试成绩优异，或是被选为学校舞台剧的主角时，悲观的孩子会想，自己也只能在数学上拿到好成绩了，学校的舞台剧选择自己演主角是因为只有唱歌是我的强项。但是乐观的孩子会想，自己很聪明，因此数学考试的成绩很优异，学校的舞台剧选择自己演主角是因为自己多才多艺。

一般来说，认为好事的发生具有普遍性原因的孩子，在生活中的各个方面都会表现得非常积极，也会取得更多的成绩。

相反，觉得好事情的发生都是暂时或偶然的孩子，即使取得成功也可能会放弃，因为他们认为成功只是一场意外。

悲观的孩子还有一种常见心理：坏事发生了，都是我的错。这是一种自尊心强的表现，这样的孩子更容易因为失败而感到愧疚，感到羞耻。相对来说，乐观的孩子遇到不好的事情，除了从自己身上找原因，也会找出客观原因。

父母如何保护孩子的乐观心态呢？可以遵循两个原则：

1.当孩子做错事时，不要轻易就算了

孩子做错事时，听到的最坏答复就是"对不起，我错了，但有什么办法呢？下次我争取做得好一点"。

当孩子直接导致一件坏事的发生，必须对此事负责，然后进行改正。当然，孩子犯了错误，父母要责怪的是错误行为，而不是责怪孩子的性格。父母可以用引导的方式指出错误，比如"是的，你知道自己错了，但是你有没有想过具体错在哪个行为上？"

2.不要让孩子总是埋怨自己

父母的目标是教会孩子正确看待自己。谁都不愿意看到一个孩子不管有没有错总是埋怨自己，经常自责会增加孩子抑郁的概率，对孩子的身心健康非常不利。

有些父母在听到孩子判断自己遇到的困难有没有可能是别人的责任时，会认为他在逃避责任。父母确实不能让孩子逃避责任，但是教会孩子客观评判每个问题背后的客观原因更加重要。对于孩子无法控制的事情，如果也要横加指责，只会让孩子对自己失去信心，逐渐变得悲观。

不要扼杀孩子乐观的性格

父母都希望孩子变得乐观开朗，自信健康，但有时几句无心的话会扼杀孩子的乐观性格。在日常生活中，为了孩子的心理健康，父母应该避免使用哪些语言呢？

1.当孩子被称赞时

当孩子被别人称赞时，有些父母会下意识地回应"没有没有，我家孩子也挺调皮的。"孩子听了后就会认为"在爸爸眼中，我并不优秀"。

孩子能敏锐感觉到大人的态度，这是他们对自身言行做出正确判断的依据。因此，当孩子受到赞赏，父母不要表现得过于谦虚，如果赞赏客观而正确，那就欣然接受。有了大人的认可，孩子才会更加努力。

2.孩子决心做某件事时

当孩子下定决心做某件事，不要说"你还太小，你不行的"。孩子会想，反正都会收到打击，干脆以后再也不做了。

这句话会抑制孩子，让原本信心满满的孩子变得畏畏缩缩。更可怕的是，他以后会把探索新事物的决定权无形之中交给了父母，处事也变得犹豫不决。失败是成功之母，让孩子体验失败未尝不是一种锻炼。

不妨换个说法"如果想好了，就去试试吧"，这能让孩子信心倍增。

3.孩子挑战失败时

孩子失败时，父母常说"早就跟你说过不行吧，你不相信"。听到此话，孩子只会想"早知道就不和爸妈说了"。

无论对孩子还是父母，这样的话没有任何正面的影响，只会疏远双方之间的距离，让孩子越来越不喜欢和父母交流。父母只有对孩子充满信心，才能令他变得自信乐观。

不如和孩子说"你做得很好，下次一定会成功"。

4.孩子遇到瓶颈时

孩子遇到了困难，处于瓶颈期，很多父母会说"你怎么这么笨"，于是孩子也会认为自己真的很笨。

孩子遇到困难，父母一定要抱有宽容的态度，多给尝试的机会。对失败反应如果太过强烈，会给他带来很大的不适感和烦恼，这是导致孩子悲观的最大原因。

5.想要改正孩子的坏习惯时

当父母想要改掉孩子的坏毛病，很容易说出"你再……我就……"此类话语，孩子听到以后会想"我会改正，但我并不觉得自己有错"。

命令式的语气不能让孩子心服口服，换一种方式反而能让他更听话。比如当孩子在超市磨磨蹭蹭不想回家时，如果说"我走了，不要你了"是典型的错误方法，会让孩子更不愿意配合。如果说"我们赶快回家，这样就可以一起玩儿了"。长此以往，孩子每次接收到命令，都会往好的方向去想象结果，自然也会用乐观的心态去面对。

6.在和别人谈论孩子时

有些父母习惯和别人谈论孩子的隐私，比如说"3岁时还尿床""吃相不好看"等等。遇到此类事情，孩子会觉得被外人知道了隐私，感到很丢脸。在外人面前，父母不如说一句"这是我的孩子，他很优秀。"

跟大人一样，孩子也有自尊心，不能随意践踏。父母应该努力保护孩子的自尊心，帮助孩子隐藏他的弱点，并建立自信心。不久以后，这些"小毛病"就会慢慢消失。

心理健康，靠的是阳光心态

开朗乐观既是一种心理状态，也是一种性格品质。调查显示，开朗乐观的人不仅较为健康（如癌症罹患率明显低于悲观抑郁者），而且婚姻生活较为幸福，事业上也较易获得成功。

当一杯水洒了，有的人会想，完了！洒了这么多；有的人则会想，幸好还剩半杯——这就是乐观心态和悲观心态的不同。

积极的心态很重要

积极的心态有助于孩子克服困难，看到希望，保持旺盛的斗志。消极心态令孩子沮丧、失望，对生活和学习充满了抱怨，自我封闭，限制和扼杀自己的潜能。

积极的心态就是心灵的健康和营养，而消极的心态却是心灵的垃圾。一个怀有积极心态的孩子并不否认消极因素的存在，他只是学会了不让自己沉溺其中。他的心中能常存光明，即使身陷困境，也能以愉悦的心情走出困境。

然而，在现实生活中，很多父母却不看重积极的一面，专挑孩子的缺点。如果孩子在考试中20题错了5题，他们会看到错了的5题，却看不到对了的15题，一味地责备、批评，这种态度只能打击孩子的自信心。

孩子其实早就知道自己的成绩不理想，老师已经在考卷上写上了分数，父母不应该再增加压力，而应该多加鼓励。只要孩子付出了努力，获得的任何一点进步都要给予鼓励，应该重视他们努力的过程，不要单看成果。

如果父母夸奖孩子这次比上次又多做对了两道题，孩子得到了表扬，下次的进步可能会更大，他们的信心也会得到充实。

积极的心态对于孩子的智力发展影响很大。一个妄自菲薄的孩子总是向别人说自己不行，而父母把孩子的一次失败或一项弱点作为能力缺陷讲给别人听，孩子的自责就会得到强化，并逐渐在心理上凝固成一种本非事实的事实。如此一来，孩子便由一般自责转变成自我失败主义心理，严重地压抑进取心和创造性。

如何让孩子拥有乐观向上的态度

开朗、乐观、向上是一种积极的心理品质，林肯曾说过："拥有一种积极进取的心态，胜过拥有一座金矿。"那么在家庭教育中，父母应该怎样做才能培养孩子拥有乐观向上的心态呢？

首先，培养孩子积极乐观的心态，父母应从自身出发。如果父母对某个事件采取一种乐观方式，孩子自然耳濡目染，这就是言传身教的意义。

营造良好的家庭氛围

学会赏识孩子

教育孩子学会面对挫折

关注孩子的情绪变化

1.营造良好的家庭氛围

每个孩子都向往和睦、安宁的家庭环境。罗素在《婚姻革命》中说："如果想让孩子成为一个快乐、大度、无畏的人，那就需要从周围的环境中得到温暖，而这种温暖只能来自父母的爱情。"弗洛伊德也说："一个被母亲特别钟爱的孩子，一生都有身为征服者的感觉，这种成功的自信往往可以导致真正的成功。"

每个孩子都想生活在温馨的家庭氛围中，得到关心和爱护，获得爱和尊重的体验，心情愉快地健康成长。在生活中，父母应该非常注意自己的言行，即使遇到什么不愉快的事情，也尽可能地在孩子面前加以掩饰。受到这种家庭环境的影响，孩子才能自信乐观、性格开朗又惹人喜爱。

2.学会赏识孩子，避免经常批评孩子

每个人都希望得到别人的赏识和认同，孩子也不例外。许多父母在教育孩子方面多少有些心理错位，不是用赏识的目光赞美孩子的优点，而是恨不得用放大镜去寻找孩子的弱点，更可怕的是处处拿别人孩子的长处去比自己孩子的短处，令其感到自卑。

孩子需要鼓励，需要肯定，需要赏识。现代心理学之父威廉.詹姆斯指出："人最大的需要就是了解与欣赏。"父母对孩子每一次的了解、欣赏、赞美和鼓励，都会增强孩子的自尊和自信。

因此，当孩子有了哪怕是一丁点进步时，父母最应该讲的一句话就是："孩子，你真棒！"在体验到鼓励的同时，孩子会变得积极乐观。

当父母看到孩子遇到问题止步之时，不应该指责和批评。若想孩子积极勇敢地去面对，父母就应该引导或带领孩子去完成事情，克服他心中的恐惧感。

有些父母认为孩子胆子小，或是不敢尝试失败。其实不是这样的，孩子本身有一个自我保护意识，他的胆小是因为本身对某种事物自带的恐惧感。父母是成人，成人眼里看到的事物和孩子看到的事物是不同的，不要用大人的想法去思考孩子的行为。

3.教育孩子学会面对挫折

人在一生中会经历无数困难和挫折，在教育孩子的问题上，父母也应该坚信从困难与挫折中走出来的人会更坚强、更勇敢，会更乐观地面对人生。因此，父母需要有意无意地制造机会来加强孩子应对挫折的能力，并告诉他："遇到困难和挫折时，不要怕，爸爸妈妈相信你经过努力一定能获得成功。"

今年国庆期间，小叶参加围棋定级赛。刚开始的几盘棋，他没有发挥好，心情很沮丧，爸爸妈妈说："比赛重在参与，胜负并不重要，重要的是你能从中学到东西就达到目的了。"

小叶放下了思想包袱，在后面的比赛中接连取胜。正是由于父母的鼓励，孩子才能从容面对每一次失败，用灿烂的笑容迎接下一次挑战。

4.关注孩子的情绪变化

不良情绪是由外部刺激而产生的一种态度和情感体验，当孩子的需要和愿望得到满足时，就会产生高兴、快乐、激动等积极情绪，相反就会产生忧愁、失望、愤怒等消极情绪。

积极情绪能提高孩子的信心和活动能力，消极情绪会妨碍孩子的健康成长。因此，父母应该多留心孩子的情绪变化，看到孩子闷闷不乐，无论自己有多忙，都要挤出一点时间和他交谈，鼓励孩子表达心情。

一次，聪聪刚刚病愈，在路过肯德基门口时，跟爸爸说想吃汉堡和炸鸡翅，结果遭到了拒绝。回家后，情绪低落的聪聪做任何事情都无精打采。爸爸知道是怎么回事，走到近前拉着他的小手说："不是爸爸舍不得让你吃，你的病才刚好，身体比任何美味都重要。"通过谈话，孩子知道了爸爸对自己的关心和体贴，情感需求也得到了满足，重新变得快乐起来。

家庭是孩子成长的摇篮，父母是孩子的第一任老师。家庭的氛围、父母的言行和教育的方式，都对孩子的成长产生重大的影响。在家庭生活中，父母不仅要了解孩子的学习成绩，还要研究心理发展，对孩子少一些责怪，多一些理解、欣赏和支持。如果家庭中经常充满欢声笑语和健康美好的情趣，孩子就能健康成长，就能拥有受益终生的乐观心态。

针对如何培养孩子的乐观心态，美国儿童教育专家塔尼可博士提出了如下建议：

1.勿对孩子控制过严

父母当然不能对孩子不加管教，听之任之，可是控制过严又压制了天真烂漫的童心，对孩子的心理健康产生消极影响。不妨让孩子在不同的年龄阶段拥有不同的选择权，只有从小享受选择权的孩子，才会觉得快乐而自在。

另外，孩子对于强加的决定都有排斥心理，是指导还是控制对孩子性格的形成有着密切联系。父母应该给孩子提供机会，让他们自己去决定，选择什么或不选择什么。

2.鼓励孩子多交朋友，教会孩子与人相处

不善交际的孩子大多性格抑郁，这些孩子时时会感到孤独。父母不妨鼓励孩子多交朋友，特别是同龄朋友，本身性格内向、抑郁的孩子更适合多交一些开朗乐观的朋友。

父母还可以带孩子接触不同年龄、性别、性格、职业和社会地位的人，让他们学会和不同类型的人融洽相处。当然，孩子首先得学会跟父母和兄弟姐妹以及亲戚融洽相处。此外，父母也应与他人友好相处，做到热情坦诚、不势利、不卑下、不在背后随意议论别人，给孩子树立一个好榜样。

3.物质生活避免奢华

心理学家经过调查发现，家庭收入特别丰厚的孩子并不像人们想象的那么愉快，他们并不对所拥有的感到满意。

物质生活的奢华会让孩子产生一种贪得无厌的心理，而对物质的追求往往又难以获得自我满足，过分的给予会让孩子产生一种错觉——获得就是幸福的源泉。这种基于物质满足的愉快往往难以持久，会导致大多贪婪者并不快乐。相反，那些生活简单的孩子，只要得到一件玩具，就会玩得十分高兴。

4.让孩子爱好广泛

一个孩子如果仅有一种爱好，很难保持长久的快乐感觉。试想，只爱看电视的孩子一旦晚上没有合适的节目时，必然郁郁寡欢。相反，如果在看不成电视时去读书、看报或者做游戏，同样可以乐在其中。

玩耍是能够发掘兴趣爱好的最佳途径，美国在幼教的启蒙期提倡让孩子以玩为主，因为孩子在玩的过程中能接触更多事物，这是他的人生的第一课。孩子其实没必要过早的学习，过早地承担起学习负担，童年是他唯一可以快乐去玩的时期，请不要剥夺。

5.引导孩子学会摆脱困境

即便是天性乐观的人，也不可能事事称心如意，不可能永远快乐。每个孩子都会碰到不如意，当孩子遇到困境，父母应该帮助他们尽快摆脱。

最好在孩子很小的时候，父母就注意培养应付困境和逆境的能力。当孩子陷入痛苦或忧虑之中，父母应当帮其找到摆脱的方法，比如听音乐、阅读、骑自行车或与朋友交谈，让孩子从失望中振作起来，尽快恢复愉快的心情。

父母需要努力引导孩子把心中的烦恼说出来，只有说出来才会尽快排遣。当然，父母也可以帮助孩子克服困难，以正确的态度保持乐观的情绪。

6.让孩子享受快乐

大家都知道一个很简单的道理，孩子的笑声代表快乐。开口大笑是在体会快乐，当孩子对某个事物处于发笑的状态，等于采取了一种正面的、积极乐观的心态。他若是明白笑可以排除万难，那就会尽力保持这种心态。

7.拥有适度的自信

拥有自信与乐观的性格息息相关，父母要善于发现孩子的长处，多加表扬和鼓励，来自父母和亲友的正面肯定有助于孩子树立自信。

父母可以根据孩子的发展特点和个体差异，提出适合的任务和要求，确立一个适当的目标，确保孩子经过努力即能完成，在不断的成功中培养自信。适度的成功体验往往会提高孩子的兴趣，帮助他们形成成功者的自我意识，从而成为不断上进的动力源泉。因此，父母应该设法创造各种有利条件，让孩子在早期经历更多的成功。

另外，对于缺乏自信心的孩子要格外关心。例如对那些胆小怯懦的孩子，要有意识地让他们在家里或班里承担一定的工作，在完成任务的过程中逐渐变得大胆自信。

乐观是一种美好的品格，乐观的孩子更容易被社会接受。父母应该给孩子营造一个快乐的生长环境，这有助于培养孩子的乐观性格。

用ABC模式帮孩子找回乐观

　　关于乐观，马丁·塞利格曼指出认知治疗四项乐观的基本技能：

　　（1）在你感觉最难过的时候，要尝试指认闪过脑海里的那些想法。这些想法虽然不能被完全感知，但会严重影响你的情绪与行为，此项技能称作"捕捉思维"；

　　（2）对这些思维进行评估。就是说，要明白自己所说的话和产生的想法未必是正确的，需要搜集证据来证明；

　　（3）在坏事件发生时找出更正确的解释，来挑战自己的自动思维，这就需要对自己的解释风格进行修正；

　　（4）化解灾难性的思维。要正确评估最害怕的事情发生的可能性，以便有精力来修正问题，而不是处于不真实的恐惧幻想中。

　　父母要想让孩子拥有乐观的认知技能，先要把这些技能贯通到自己的思维方式中，再去表达给孩子。

认知治疗ABC乐观学习法

认知治疗由马丁·塞利格曼、艾伯特·埃利斯和阿伦·贝克共同建立，后来又发展成"ABC模式"。这个模式同样可以应用于儿童，让他们学会如何变得乐观。

A（Adversity）——代表不好的事件，不好的事可能是任何负面的事件，比如周末发生了不愉快的事，或者与同学吵架等；B（Belief）——代表负面事件发生时内心自动化的悲观想法、解释，才会引发某种特殊的后果；C（Consequence）——代表负面事件的结果（负面的感受、行为），通常看起来好像不愉快的事件立即并自动产生后果。学习乐观的第一个步骤是找出ABC之间的联系，捕捉自己的信念，最有效的方法就是写ABC日记。

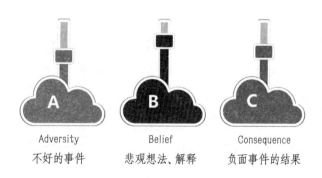

Adversity　　　Belief　　　　Consequence
不好的事件　　悲观想法、解释　　负面事件的结果

ABC日记分为三栏：第一栏必须尽量将不好的事情描述详尽，记下人物、时间和地点，但不要写原因，这一栏的功能不

是评估；第二栏要写想法，记录自己对不好的事情是如何解释的，比如"他认为我很幼稚""事情总是不会成功"等等，并且利用百分制计分，以0分表示对看法一点都不信，100分表示完全相信；第三栏写后果，这里要写下事后的感觉，或者是对这件事经历过的每一种感觉，同样百分制计分，分数越高表示感觉越强烈。写下以后要检查，确定每一种感觉和行为能与你的想法有关，并且指出触发这些情绪的特殊信念。

举个例子：

不好的事："今天是我的生日，我请了班上很多小朋友来玩。吃完蛋糕后，有一些朋友开始偷偷地小声讲话，并且不肯告诉我在讲些什么。"

想法："这些笨蛋！今天是我的生日，竟然在小声说我坏话，真希望没有请他们来。"

后果："我很生气，问妈妈可不可以叫他们回家。"

父母可以根据这个例子向孩子提问，比如"你为什么会生气？如果那些孩子说悄悄话是因为有件礼物想送给你，你又会怎么想？"等等。当孩子能够理解这些问题并且认识到其中的不同，父母就可以进行下一步。

让孩子学到正确的解释风格

上文提到的过程很详细，目的是要让孩子学会正确看待和解释自己的一些不合理观念。更确切地说，是要教会孩子解释的风格。

如果认为教孩子说"这不是我的错，我没有做这件事"就可以帮他们更好成长，那就大错特错了。

对于ABC乐观学习法有各种各样的解释风格，归结起来大概可分为以下几类：

（1）永久性——事情的起因会继续下去；

（2）暂时性——起因是可改变的或者是过渡性的；

（3）普遍的——起因会影响很多情况；

（4）特殊的——起因只会影响特定情况；

（5）个人的——起因就是我；非个人的——起因是其他人或其他情况。

大多数人都会有一件事的失败是由于自己愚蠢所造成的感觉，此为人格化的、永久的和消极的解释。这其中最重要的层面是对于永久性的解释，可以告诉孩子不是事情发生了就注定一成不变，通过行动能改变现在的状况。

针对以上不合理的信念，纠正及解释的第一步是要教孩子学会反驳悲观。

首先要搜集证据强迫自己考虑两方面的可能性，减轻认知偏差；其次要做出选择，看看是不是有其他的路可以走，是不是大家只是在轻松地开玩笑而不是攻击自己；最后则是化解灾难，即正确地评估影响。

比如很多悲观者爱想"万一……"，当产生这种想法的时候，问自己以下三个问题：

（1）无论发生的概率有多小，什么情况是最糟糕的？

（2）发生的可能性有多高？有什么方法可以改善？

（3）可能发生的事情中，最好的情况是什么？

一旦得出以上三个结果，父母就可以教孩子进行第四步，即将精力投入到最有可能发生的情况上，去解决它就好了。

学习处理冲突是消化悲观的重点

在生活中难以完全免除与他人之间的冲突，尤其是父母可能会在孩子面前产生冲突，这也会造成孩子的悲观心态。

过多冲突或是过于毁灭性的冲突，对孩子很不利。研究显示，父母不同意看某个电视节目，都会让幼儿感到不快乐。学习如何处理冲突，掌握了冲突处理经验，就可以保护孩子，可以让孩子从这一过程中消化悲观，体会成长。

在研究中，马丁·塞利格曼总结了一些父母应该注意的方面：

（1）不要在孩子面前使用暴力，包括摔东西或是用力关门，这样的举动会让孩子很害怕；

（2）不要在孩子的面前，以永久性和普遍性的方式批评配偶。例如："你爸爸不值一文"，"你妈妈是个自私的女巫"。如果在孩子面前批评配偶，请用批评特殊行为的言语，而不是滥用总括性、个人性的言语。例如："当你爸爸工作很忙时，他就会这样发脾气"，"当你妈妈花了这么多时间，我就会生气"；

（3）不要对自己的配偶持"不理睬政策"，孩子会感觉到不和谐，就像能听到大声互骂一样；

（4）不要强迫孩子在父母之间选择喜欢谁；

（5）不要在孩子面前争吵，除非父母打算在争吵中结束争吵；

（6）表达心情要用正面的字眼，用坚定自信的方式，不要用侵略性的方式；

（7）尽量控制情绪，花些时间让自己冷静下来；

（8）在孩子面前解决冲突并且和好，这样会让孩子了解冲突是爱情中很自然的一部分，是可以解决的；

（9）不要将孩子扯进某些话题。与配偶约好，有些争吵内容不要让孩子知道。

后记

感谢各位耐心读到结尾。

亲子冲突的根源在于父母对孩子的控制和管教，父母的言辞经常会导致孩子的不满，触发反抗的按钮。如果父母能够放弃"我的孩子就应该比别的孩子更优秀"之执念，甘心接纳孩子的本来面目，尊重孩子的需求，建立亲密的亲子关系，让孩子对自己有正确的认识，就会让育儿变成爱的养育，让教育孩子变成亲子之间相互支持和陪伴的一个过程。

如果留心观察，不难发现孩子不听话其实是孩子思考问题的方式与成人不同的缘故。当此类问题存在，父母的教育很难达到预期的效果。想要孩子达到父母的要求，先要思考孩子是不是具备对应要求的能力，以及孩子愿不愿意达到，这两个条件缺一不可。如果两个条件不能同时满足，那么父母所提出的要求往往不能实现。即使已经实现，实现要求的过程也非常艰难，非常痛苦。

搞清楚这一点，父母再向孩子提出要求时就能准确地把握以上条件，仔细思考孩子是不是具有这种能力，是不是尊重了孩子的意愿和期望。父母多理解孩子一点，孩子就会更懂得尊重父母，理解他人，这对孩子的成长非常有利。

在本书中，作者运用各种生动的例子来为父母讲解如何与孩子进行更好的相处，如何引导孩子学习和成长，同时也引导父母学会使用正确的方式去教育孩子。